(Trans)Modernidade
e Mediação de Conflitos
Pensando paradigmas, devires e seus laços
com um método de resolução de conflitos

Rafael Mendonça

(Trans)Modernidade
e Mediação de Conflitos
Pensando paradigmas, devires e seus laços
com um método de resolução de conflitos

1ª Edição
POD

Petrópolis
KBR
2012

Edição de Texto **Noga Sklar**
Capa **KBR sobre arquivo Google**
Ilustrações do miolo: **Fabrício Macedo Silva**

ISBN: 978-85-8180-149-0

KBR Editora Digital Ltda.
www.kbrdigital.com.br
atendimento@kbrdigital.com.br
55|24|2222.3491

340 - Direito

Rafael Mendonça é Bacharel em Ciências Jurídicas pela UNIVILLE, Mestre em Ciência Jurídica na área de Hermenêutica e Principiologia Constitucional pela UNIVALI e Doutorando na área de Sociedade e Meio Ambiente no Programa Interdisciplinar em Ciências Humanas da UFSC. É professor universitário na Faculdade Guilherme Guimbala, na Faculdade Cenecista de Joinville e na Universidade da Região de Joinville. É Mediador de Conflitos e Membro Fundador e Diretor Geral do Instituto de Pesquisas Interdisciplinares para a Paz (InterPaz).

Email: rafael@ipz.org.br

Muitíssimo obrigado!

A meus pais, Waldir José Mendonça e Diva Gomes de Oliveira, com amor ágape. Adjetivando, sou incompleto, entretanto digo: superaram seus papéis, ofereceram todo apoio às minhas (in)decisões, planos e singularidade. Zelaram inigualavelmente pelas minhas complexas necessidades. Ofereço-lhes toda gratidão, hoje e sempre.

A meus amigos, Alexandre Morais da Rosa e Alexandre José Mendes, pelos diálogos pacientes e descontraídos.

Aos meus alunos do curso de Direito da Faculdade Cenecista de Joinville e da Faculdade Guilherme Guimbala, que leram e releram este texto, e juntos nos mexemos para sair da geleia geral jurídica. Seus apontamentos e correções foram de extrema importância para modelar a segunda e terceira edições

Eles estão jogando o jogo deles.
Eles estão jogando o jogo de não jogar um jogo.
Se eu lhes mostrar que os vejo tal qual eles estão,
quebrarei as regras do seu jogo
e receberei a sua punição.
O que eu devo, pois, é jogar o jogo deles,
o jogo de não ver o jogo que eles jogam.

Laços
R. D. Laing

Aprender o que é Direito nas "obras" da ideologia dominante só poderia, evidentemente, servir para um dos dois fins: ou beijar o chicote com que apanhamos ou vibrá-lo no lombo dos mais pobres, como nos mande qualquer ditadura.

Roberto Lyra Filho, *Por que estudar Direito, hoje?*

Sumário

Prefácio à Segunda Edição
Introdução e reflexões sobre (e através do) texto de Rafael Mendonça

Rafael nos deu um presente: não somente a prenda de reeditar seu livro e me pedir que escreva esta introdução, mas, fundamentalmente, a reafirmação da vigência da multidisciplina como forma pós-moderna de questionar e sua consequente ruptura epistemológica no direito, uma salutar abertura aos novos paradigmas.

A expressão "novos paradigmas"[1] quando aplicada à resolução de conflitos, se refere à denominação dada às mudanças pelas quais passaram a teoria e a prática científicas nos últimos trinta anos — de considerar que a ciência podia nos levar à certeza, ao previsível (modelo tradicional do judiciário), a poder incorporar outras visões onde o conhecimento, como um processo construtivo-gerador, nos leva a introduzir a inovação como parte da construção de mudanças para um mundo aberto.

---

1 "A ciência, a pesquisa, o desenvolvimento de modelos e de práticas de implementação são agora diálogos, não monólogos que podem ser sustentados unilateralmente." SCHNITMAN, Dora Fried. "Novos Paradigmas na resolução de conflitos". *In*: SCHNITMAN, Dora Fried e LITTLEJOHN, Stephen (org.). *Novos paradigmas em mediação*. Porto Alegre: Artmed, Brasil, 1999, p. 23.

A aceitação das mudanças e a incorporação de diálogos entre ciências e procedimentos de resolução de conflitos, entre eles a mediação, poderiam produzir no direito uma maior transformação, que pudesse acabar com o isolamento e derrubar a fortaleza em que está instalado.

Os efeitos emancipatórios da mediação, introduzida originalmente para reforçar o *status quo,* e que contribuiu, como um efeito secundário, para solidificar e fortalecer as necessidades da comunidade, já não podem mais ser abafados.

Segundo a maneira com que a sociedade e o estado, a partir de seus poderes, incorporaram a mediação — desenvolvendo seus paradigmas ou a desvirtuando, negando sua identidade social —, apresentaram-se as tensões da transição paradigmática que foi se produzindo.

De participante e até sustentáculo dos paradigmas tradicionais do neoliberalismo, a mediação passou a ser um procedimento ético de resolução de conflitos, expoente dos novos paradigmas sociais questionadores dos métodos adversariais e impositivos tradicionais.

Revalorizar a comunidade, centrando seu acionar na capacidade das pessoas para enfrentar seus próprios problemas pelo diálogo, de maneira responsável e cooperativa, na busca de soluções que satisfaçam as necessidades de todos os envolvidos: o exercício desta responsabilidade a partir da escuta atenta, da sensibilização de cada mediando, aponta a ruptura dos paradigmas da sociedade binária — ganhar ou perder — substituindo-os pela cooperação e pela solidariedade para um ganhar-ganhar.

A mediação, resgatando os conceitos de participação responsável da comunidade na abordagem e resolução dos conflitos entre seus membros, foi recuperando sua identidade e, com isso, reforçou sua capacidade de protagonismo. A identidade individual transformou-se numa identidade comum, gerando uma interação entre comportamento individual e função social: eis precisamente o que a mediação vem trazer no século XXI como paradigma transformador — não previsto no pensamento hegemônico liberal que a incorpora e divulga, pensando apenas em seus benefícios aparentes e desconsiderando os paradigmas introduzidos junto com ela.

Assim, junto ao modelo liberal, a serviço do capital internacional nos anos 1970 e 80, promoveu-se o ressurgimento remoçado da arbitragem, com o acréscimo da mediação como um procedimento que podia antecedê-la.

Ambos os procedimentos deveriam se implementar no mundo, para permitir ao capital internacional contar com meios de resolução de conflitos, conduzidos por profissionais liberais que permitiriam resolver questões fundamentalmente econômicas e financeiras de forma rápida, sigilosa e econômica.

Nesta iniciativa liberal, a mediação é incorporada em alguns países aos Tribunais, com o objetivo de *desafogá-los* da grande acumulação de processos — resultado de uma tradicional metodologia burocrática, incapaz de dar conta das novas realidades sociais.

Essa *mediação ao serviço dos tribunais,* a *mediação para e por pobres,* tem sido a aplicação mais estendida a partir do pensamento de políticos e funcionários do governo — de que esse procedimento permitiria desjudicializar parte da conflitividade social, proporcionando aos Tribunais custos reduzidos ou inexistentes, fundamentalmente, a partir dos conceitos da *Law and Economics Scholarship* e sua proposta de pensar o sistema judicial desde o custo-benefício (Linhares, 2002: 65-68) para conseguir que uma mão-de-obra barata — é mais barato um mediador ou um conciliador do que um juiz —, que contribua para reduzir os custos, desafogando sua acumulada quantidade de casos considerados sem importância, não merecedores da atenção de um juiz.

No Brasil, quase todos os serviços de Conciliação e/ou Mediação dos Juizados Especiais, das Casas da Cidadania, da Justiça Comunitária, Tribunais etc., são atendidos por profissionais ou estagiários voluntários. Em Portugal os honorários por mediações nos Julgados de Paz, no Gabinete de Mediação Familiar, no Sistema de Mediação Laboral apenas cobre as despesas de traslado dos mediadores profissionais, que recebem entre 25 e 150 Euros por mediação.[2]

Outra modalidade operativa desse tipo de mediação pode ser encontrada nas regiões onde se implementou ao serviço dos advogados: pela exclusividade com que exercem tanto a função do mediador quanto a de assessoramento jurídico, perde-se a focalização do procedimento nas pessoas e se centra nos juristas — é uma mediação entre pares.

Sou ciente de que nem o reducionismo exercido ao se considerar o julgamento como capaz, por si só, de dar acesso à justiça, nem a consideração de que os profissionais do direito por si mesmos poderiam dar conta de atender e satisfazer as necessidades da sociedade — manifestada na conflitualidade e na violência; nem a mediação seria a panaceia que viria a acabar com todos os problemas, o que formaria parte da mesma ideologia ultrapassada das certezas e da exclusão.

Também se sabe que nem o poder político, nem o poder judicial, nem o legislativo, nem os profissionais do direito, nem as instituições civis, nem as comunidades podem atender de maneira isolada a complexidade da sociedade atual. A formação de uma nova cultura de participação e de emancipação das comunidades começa, assim, a exercer pressão sobre o estado de coisas em que, à maneira de uma monarquia isolada,

2 Ver o ponto 8 do divulgado pela ex DGAE, hoje Gral, que estabelece 120 Euros como honorários por uma mediação concluída com acordo, seja realizada em mediação ou em comediação. Sabemos que uma mediação desse tipo pode levar entre dez e quinze horas de sessões.

demora-se em entender as necessidades populares.

Teme-se o povo e a ele se resiste, até que se compreende a necessidade de arregaçar as mangas e exercer a verdadeira função e razão de ser de sua existência: a de assegurar o exercício dos direitos de cada cidadão e da comunidade em geral, frente ao poder do Estado, das corporações e de todos aqueles que desejariam elitistamente utilizar a burocracia judicial para sua proteção e defesa.

Obrigado, Rafael, por ter publicado este trabalho, que nos leva à reflexão e à inquieta atividade de pensar que as coisas poderiam ser diferentes. Mas obrigado, sobretudo, por me permitir apresentar no teu livro estas minhas reflexões iniciais.

Desfrutem da leitura.

Juan Carlos Vezzulla
Lisboa, dezembro de 2007

Prefácio à Primeira Edição

Carlos Drummond de Andrade se disse freguês da espe-rança. Sua assertiva se aplica perfeitamente ao trabalho que se segue: a esperança de um devir factível (Dussel). Conheci Rafael Mendonça nas aulas de graduação do Curso de Direi-to, quando intentava discutir alguma coisa diferente na área do Processo Penal, buscando me desgrudar da "geleia geral" (Junqueira) que campeia o ensino desta profissão. Se êxito obtive(mos), só o tempo dirá.

O que de fato existe é que os resultados começaram a aparecer, sendo este texto um deles. Primeiro, preciso dizer que o autor, jovem e promissor pensador, já ousou fazer uma monografia de conclusão de curso que difere da banalidade corriqueira. Buscou, e foi exitoso. Agora, neste (con)texto, na-vega por águas tormentosas para os felizes e metafísicos "ju-ristas de ofício" (Legendre/ Warat), dando um passo aquém do Paradigma da Modernidade, aquele (só)negador do afeto, do carinho, da subjetividade, em nome de uma objetividade cínica e hegemônica no Direito. Para além da disciplina — o Direito —, o autor se arrisca na "infinita *highway*" (Gessinger) em direção à Transmodernidade (Morin): rompe com o cará-ter autopoiético do Direito em busca de algo que não pode ser total, esquemático ou fechado, sob pena de incidir nos mesmos equívocos que critica.

Nesse caminho, rompe também com a Filosofia da Consciência, ainda informadora do "senso comum teórico" (Warat), e se lança na Filosofia da Linguagem, na qual, diz Rorty, "não há redenção platônica". A hermenêutica é revisitada de maneira tópica o suficiente para deixar antever que muito se precisa estudar, e que os contextos em que o Direito é aplicado, mormente numa sociedade capitalista e à margem do capitalismo, precisam ser levados em conta no momento de sua imposição ao invés da lógica dedutiva própria dos incautos positivistas do século passado, ainda prevalente.

Alinhando-se à "Nova Crítica ao Direito" (Streck), Rafael procura na Mediação um caminho democrático para a superação das perplexidades da (falida) jurisdição ordinária. Resgatando a beleza do "conflito" e suas potencialidades, aponta a Mediação como um sendero no qual os verdadeiros atores da vida são protagonistas. Warat e Vezzulla, dois argentino-brasileiros, cada qual do seu jeito (e com sua bagagem), fundamentam esse caminho democratizante. Mesmo discordando da possível compatibilidade entre os pressupostos da Modernidade Emancipatória e a Mediação, que, acredito, ocupam funções diferentes no contexto nacional, tenho para mim que esta obra se constitui em uma ótima demonstração de que o engajamento social, sob a perspectiva de se dar voz e vida aos sujeitos do "mundo da vida", é uma ação inovadora — por isso o meu entusiasmo, meu carinho e minha esperança de que o caminho iniciado por Rafael Mendonça, que continua(rá) na Academia e na Prática, seja seguido por outros insatisfeitos com a alienação nossa de cada dia.

Termino com Fernando Pessoa que, maravilhosamente, escreveu: "Em todos os manicômios [jurídicos] há doidos malucos com tantas certezas! (...) O mundo é para quem nasce para o conquistar. E não para quem sonha que pode conquistá-lo, ainda que tenha razão."

Alexandre Morais da Rosa
Doutor (UFPR), Mestre (UFSC), Professor Universitário e Juiz de Direito (SC) que se acredita ex-Normalpata.
Florianópolis, novembro de 2005

Introdução

Influencia a emanação deste pequeno escrito um desejo de mudança. De mudanças, de preceitos formados na modernidade, dialogando, principalmente, com transições já ocorridas e contemporâneas no pensamento humano, em grande parte ocidental, e boa parte da Ciência Jurídica — transições que afetam diretamente a convivência social em diversas dimensões. Discorreremos acerca de um devir transmoderno baseado em paradigmas como o da complexidade, da transdisciplinaridade e do pragmatismo. Esse rumo se dá por proposição, também, de uma gama de autores que, por confluência dessas emergências sociais, *pré-tencionam* caminhos para uma sociedade efetivamente Ética, voltada ao mundo da vida e indexada ao cotidiano.

São estes os objetivos do texto: (i) reconhecer os paradigmas em determinados períodos da civilização ocidental; (ii) lançar letras acerca da transmodernidade; e (iii) apontar seus laços com a Mediação de Conflitos. Enfatizaremos, principalmente, o período da modernidade, verificando suas influências no Direito, Filosofia e Sociedade, sem deixar, obviamente, de observar certos trânsitos epistêmicos por eles desencadeados.

Por Mediação de Conflitos se entende o método não-

-adversarial de conhecimento e resolução de conflitos, uma práxis filosófica diferenciada que permite aos sujeitos um olhar para novos rumos, possibilitando acesso a condições de autogestão das experiências, emancipados de muitos preceitos adquiridos durante o período moderno. O leitor observará se os trânsitos epistêmicos realmente se acham relacionados à desejada filosofia transmoderna, e se possibilitam, na prática, o desenvolvimento da condição humana em um rumo emancipatório, cidadão e mais compreensivo consigo e com o "outro".

Por fim, esta é uma obra de síntese; não se propõe a remontar exaustivamente os temas abordados. Sua pretensão é visitar teorias aparentemente desindexadas e situar alguns "rumos" semelhantes na arquitetura teórica ocidental. O leitor deverá ter paciência enquanto descobre o fio condutor da discussão, desenvolvido através de citações e autores analisados nessa (des)construção de pensamentos. Muitos temas ficarão em aberto para serem tratados no futuro. A obra não se fecha. Abre.

Capítulo 1
O que vem passando o mundo do ocidente: reflexões históricas e paradigmáticas em linhas gerais

Não é possível traçar um "discurso perfeito", isento de pessoalidade ou purificado por um método. Portanto, ciente das limitações desse ser-no-mundo, buscaremos alçar um voo panorâmico sobre alguns caminhos paradigmáticos trilhados pela civilização ocidental e, também, as posições emergentes no mundo contemporâneo. Por derradeiro, escreveremos rumos que se acreditam possíveis de encontrar... devires.

Neste momento não nos limitaremos por muitas linhas a disciplinas específicas — Direito, Antropologia, Sociologia etc. —, sendo este um voo de reconhecimento que visa acordar, semanticamente, para coadunar pensamentos gerais onde, mais adiante, se assentarão mais pensamentos e autores, trazendo seus *insights* sobre o que se passa no mundo ocidental. Acordamos (ou alertamos), desde já, que a linha teórico--filosófica dos autores apresentados neste e nos dois capítulos seguintes são diferentes, restando a este momento a virtude da costura teórica.

1.1 Leitura do universo, formação e macrotransição paradigmática

Preliminar ao alçar, torna-se importante lembrar que, ao se conhecer o mundo por intermédio de um complexo pessoal de teorias pré-existentes, o conhecimento factual obtido será, evidentemente, moldado e formado por essas teorias, ou seja, as noções obtidas dos entes do universo estão estritamente ligadas às teorias já existentes na mente do observador. Esses "*insights* teóricos"[3] correspondem, paralelamente, à denominação estabelecida por Kuhn acerca do "paradigma"[4] — um conjunto de concepções sociais formadas pela compreensão dos sujeitos sobre o cosmos que os rodeia e permeia.

David Bohm

Os paradigmas moldam as diversas sociedades e suas formas de atuar no universo. Como aponta Bohm, toda experiência é organizada segundo as ca-

---

3 BOHM, David. *A totalidade e a ordem implicada*. Trad. de Mauro de Campos Silva. 3. ed. São Paulo: Cultrix, 2001, pp. 24-25. Explicando ainda acerca da palavra "teoria", Bohm informa que "(...) boa parte do nosso pensamento está assentada em termos de *teorias*. A palavra 'teoria' deriva do grego *theoria*, que tem, assim como a palavra 'teatro', a mesma raiz numa palavra que significa 'observar' ou 'fazer um espetáculo' (Idem, p. 22).
4 Kuhn diz: "Um paradigma é aquilo que os membros de uma comunidade partilham e, inversamente, uma comunidade científica consiste em homens que partilham um paradigma." Aqui, "paradigma" corresponde aos *insights,* padrões de signos que existem em um grupo social. (KUHN, Thomas Samuel. *A estrutura das revoluções científicas*. Trad. de Beatriz Vianna Boeira e Nelson Boeira. 6. ed. São Paulo: Perspectiva, 2001, p. 219.)

tegorias do pensamento; os modos de pensar sobre o espaço, tempo, matéria, substância, causalidade, contingência, necessidade, universalidade e particularidade são teorias construídas a partir de *insights*, compartilhadas e mantidas hegemonicamente em cada comunidade.[5] Nas sociedades humanas, os paradigmas representam a forma como seus membros a compreendem e se (auto)compreendem; em consequência, agem e reagem nesse ambiente.

Os paradigmas não representam caracteres estáticos, mas sim em constante mutação, historicamente, em maior ou menor escala, causando maiores ou menores transformações no pensamento das comunidades humanas. Dessa forma, *os grupos sociais compartilham pressupostos de entendimento entre si, o que lhes permite compreender solidariamente o universo ao seu redor.*

Nas ciências naturais — biologia, física etc. —, explica Laszlo,[6] uma mudança profunda e irreversível de paradigmas se chama "evolução"; se ainda for rápida e intrinsecamente indeterminada, a *teoria do caos* e *dos sistemas dinâmicos* a chama de "bifurcação". O equivalente sociológico das bifurcações é denominado "macrotransição" — a partícula "macro" indica que a transição paradigmática é grande e geral, e não local e limitada, ou seja, não influencia somente uma parcela da sociedade, mas toda ela, ou grande parte.

Uma macrotransição "(...) é aquela variedade de bifurcação no sistema [social] na qual a consciência dos membros desse sistema influencia o resultado".[7] Pelos estudos de Laszlo e, principalmente, Sorokin,[8] em uma visão histórica as

---

5 BOHM, David. *Op.Cit.,* p. 25.
6 LASZLO, Ervin. *Macrotransição: o desafio para o terceiro milênio.* Trad. de Merle Scoss. São Paulo: Axis Mundi, 2001, p. 15.
7 Idem, p. 23.
8 SOROKIN, Pitirim A. *Social and cultural mobility.* New York: The Free Press, 1959; *Sociedade, cultura e personalidade*: sua estrutura e dinâmica. Trad. de João Baptista Coelho Aguiar. 2 vols. Porto Alegre: Globo, 1968.

sociedades humanas sofrem em seus paradigmas constantes modificações de cunho específico e determinado; de tempos em tempos, sofrem grandes alterações, pois são levadas a um momento no qual a grande gama dos caracteres antigos não serve mais à nova realidade.

As macrotransições sociais, numa interessante concepção de Laszlo, apresentam-se, basicamente, em quatro fases: a primeira é denominada "fase precursora", quando se desenvolvem grandes inovações tecnológicas — ferramentas, sistemas operacionais, máquinas — que trazem mais eficiência na manipulação da natureza para os fins humanos; a segunda é a "fase de transformação", quando as novas tecnologias modificam irreversivelmente as relações sociais e ambientais, gerando maior produção, crescimento mais rápido da população, maior complexidade social e um grande impacto nas dimensões social e ambiental; a terceira, chamada pelo autor de "fase crítica", dá-se quando as relações sociais e ambientais transformadas pressionam a cultura dominante, questionando valores, cosmovisões e ética. Dependendo dessa evolução, a trajetória do desenvolvimento de uma macrotransição se bifurca; a quarta fase — "fase de colapso" ou "fase de irrupção" — é representada por uma das duas variantes da bifurcação: (i) as pessoas e instituições estabelecidas são demasiado rígidas para permitir a transformação oportuna, levando a sociedade à decadência; (ii) ou pessoas e instituições superam as crises em tempo hábil, transferindo a cultura da sociedade para um modo mais "bem-adaptado", gerando concepções de valores condizentes com a nova realidade sociotecnológica.[9]

Essa quarta fase,[10] um momento de indecisão social — quando escolhas críticas devem ser tomadas —, é denomi-

---

9 LASZLO, Ervin. *Op. Cit.*, pp. 24-25.
10 Obviamente tal visão "binária" é extremamente simplista, como se verá pelo paradigma da complexidade; mesmo assim, a noção que traz é satisfatória para o momento.

nada por Capra, com base no *I Ching*, de "ponto de mutação"[11]
— momento em que os indivíduos, por meio de mudanças
nos critérios de existência, *trans-mutam* suas concepções de
mundo e sistemas de valores, seus *insights* teóricos e paradigmas para se adaptar à nova realidade e também agregar mais
essa força.

1.2 Macrotransições na história ocidental, concepção das eras de *mythos, theos, logos* (moderna) e *holos* (transmoderna)

Com fulcro na concepção de macrotransição, desde
quando os antepassados da presente civilização desenvolveram alguma forma de cultura e de ordem social, ocorreram
mudanças nas relações dos indivíduos, entre si e com o meio
ambiente, acompanhadas de mudanças nas suas crenças, cosmovisões e valores.

Atualmente, com o desenvolvimento da globalização
e da grande velocidade de troca de informações por eficazes
meios de comunicação, a mudança se torna mais rápida e
dramática. Para melhor análise, serão apresentadas as macrotransições em uma linha histórica, fornecendo uma direção e
perspectiva geral.

Utilizamos nesta obra as denominações laszlianas de
eras de *Mythos, Theos, Logos* e *Holos*[12] apenas parcialmente,
pois, adiante, a era de *Logos* se tratará por *Modernidade* e a era
de *Holos* por *Transmodernidade.*[13]

---

11 Veja-se na obra *in totum* de Fritjof Capra, *O ponto de mutação*. Trad.
de Álvaro Cabral. 23. ed. São Paulo: Cultrix, 2002.
12 Tenha-se em mente que estas concepções são aplicáveis basicamente
à sociedade ocidental, e seus nomes representam o pensamento
reinante, característico do tempo que buscam retratar.
13 Esta concepção de transmodernidade segue a linha de Warat
(diferente em diversas características da de Dussel ou Maffesoli)
e se dá por uma diferenciação da concepção de pós-modernidade,

Pois bem, a era de *Mythos* é a que foi dominada pela consciência mítica; a era de *Theos*, pela consciência teísta; a era de *Logos* (Modernidade) pela consciência racional; e a era de *Holos* (Transmodernidade), pela consciência holística, sendo tratada aqui como um devir, uma utopia possível, desejável no período atual. Enfatiza-se o termo "devir", ressaltando que ainda se vive atualmente sob o Paradigma da Modernidade.

1.3 As eras de *Mythos* e *Theos*

Observando os sistemas arcaicos, vemos que os primeiros bandos nômades das eras paleolíticas, há cerca de um milhão de anos, contavam com uma quantidade aproximada de cinco a oitenta indivíduos formando uma ou mais famílias; ocupavam territórios em comum e possuíam uma liderança informal, baseada na personalidade, na força e nas habilidades guerreiras. Tinham tecnologias simples, porém eficazes, consistindo em objetos improvisados como ferramentas ou armas. Por volta de 11.000 a.C., grupos do Crescente Fértil se expandiram, formando tribos com centenas de membros. Nos maiores e mais complexos grupos humanos da era neolítica entraram em uso tecnologias adicionais para o plantio, exploração de animais, tecelagem e olaria. Essas sociedades se enquadravam na era de *Mythos*, onde o paradigma regente era o da dimensão sagrada — um tempo onde as forças externas e sobre-humanas agiam no mundo e sobre o mundo, causando impacto na Natureza e também nas comunidades humanas. O animismo estava unido ao totemismo, ou seja, a crença de que um objeto, animal ou planta — utilizados em rituais e ritos de magia — servia como emblema para uma família ou clã e sua

---

entendendo esta pós-modernidade como uma linha teórica, criticada principalmente pelo hedonismo filosófico, que, simplesmente, se opõe ao que foi desenvolvido na Modernidade e busca seu oposto teórico.

linhagem. Ao longo dos séculos e das construções sociotecnológicas, a era de *Mythos* passou por uma macrotransição para a era denominada de *Theos,* amálgama paradigmático que se deu quando as aldeias líticas se agruparam em unidades sociais mais amplas, com estrutura hierárquica e rígida disciplina — os primeiros impérios, que surgiram na Babilônia e depois no Egito. À medida que a dominação masculina aumentava, instituindo o patriarcado, e de acordo com a maior estratificação socioeconômica, a "Mãe Terra" foi substituída por "deuses celestes", e se subordinou a eles. Também os direitos territoriais passaram a sobrepujar os tradicionais laços consanguíneos, refletindo uma preocupação crescente com a propriedade comunal e uma divisão de trabalho mais complexa.[14]

Na era de *Theos* o cosmo era visto como um governo orgânico independente, possuidor de soberania e poder, que mantinha a ordem e a harmonia em toda a extensão do Universo. "As forças cósmicas haviam sido criadas e eram controladas por um ser supremo ou por uma hierarquia de deidades. A orientação celestial substituiu o conteúdo telúrico da época lítica. O mundo era o reflexo de uma ordem celestial acima, exigindo-se, assim, uma ordem teocrática abaixo, com reis existindo por decreto divino, incorporando e legitimando o exercício de um poder autorizado pelos céus. Tendo apoio e suporte de uma cultura elaborada e arraigada, com seus valores, cosmovisões e códigos de ética consagrados, a era de *Theos* mudou e cedeu espaço para outra, a era de *Logos*.[15]

---

14 LASZLO, Ervin. *Op. Cit.*, pp. 28-31.
15 Idem, p. 31.

1.4 Princípio e desenvolvimento da era de *Logos*, ou Modernidade

A visão de mundo "baseada na razão humana e na fé em Deus" (Aristóteles e Igreja Católica) foi modificada em certos aspectos, nos anos pós-medievais, por ocasião da chamada Idade da Revolução Científica, pois, como relatou Capra, a noção de universo vivo e espiritual fora substituída pela noção de um mundo análogo a uma máquina; e o mundo-máquina se converteu na metáfora dominante da Modernidade. Todo esse desenvolvimento foi ocasionado por mudanças revolucionárias iniciadas na Física e na Astronomia, culminando nas realizações de Copérnico, Galilei e Newton. A ciência do século XVII se baseou em um novo método de investigação, defendido vigorosamente por Bacon, que envolvia a descrição matemática da Natureza e o método analítico de raciocínio concebido por Descartes.[16]

Sintetizando o pensamento de filósofos que cunharam grande parte do Paradigma da Modernidade (ou, para Laszlo, era de *Logos*), este se baseava numa abordagem empírica com o uso de uma descrição matemática da Natureza (Galilei), objetivando um conhecimento que poderia ser utilizado para dominá-la e controlá-la (Bacon) — a dominação sendo realizada a qualquer custo e de qualquer maneira (em seus escritos, Bacon chega a dizer que para o fim de descobrir os mistérios da Natureza o "homem" deveria fazê-lo até pela tortura). Tal conhecimento era obtido através da intuição e dedução, utilizando o método analítico — que consiste em decompor em partes pensamentos e problemas e dispô-las em uma ordem lógica (Descartes), tudo isso finalmente comprovado pela experimentação física (Newton).[17]

---

16 CAPRA, Fritjof. *Op. Cit.*, p. 49-50.
17 Idem, pp. 50-58.

O Universo é entendido como sendo análogo a um mecanismo de relógio divinamente projetado, posto em movimento por um "Motor Primeiro" (atualizado contemporaneamente para a teoria científica do Big Bang) e funcionando harmoniosamente ao longo de toda a eternidade, de acordo com as rígidas leis da natureza. Esse conceito nos permite afirmar que é possível, através da razão, conhecer as coisas passadas, presentes e futuras.

Um dos aspectos marcantes do pensamento moderno é a separação conceitual entre corpo e mente, desenvolvida por Descartes. O ponto fundamental do método cartesiano é a dúvida, o "cogito cartesiano". Duvida-se de tudo o que pode se submeter à dúvida: o conhecimento tradicional, as impressões de seus sentidos e mesmo o fato de se ter um corpo, até se chegar a algo de que não se pode duvidar — a existência de si mesmo como pensador. Desta forma, Descartes pronuncia seu famoso ditado "Cogito, ergo sum" — "Penso, logo existo". Através do cogito cartesiano, Descartes privilegia a mente em relação à matéria e chega à conclusão de que as duas eram separadas e fundamentalmente diferentes.

Tais filósofos, seus experimentos e descobertas tiveram grande relevância e repercussão no seu tempo; suas teorias sobre a natureza humana e o método científico foram estendidas também às ciências sociais. Capra escreve: "Os pensadores do século XVIII avançaram o programa reducionista-mecanicista das *hard sciences*[18] para ainda mais longe, aplicando certos

18 Interessante é a abordagem de Nicolescu, que diz: "Mesmo no interior da ciência, distingue-se com cuidado as *ciências exatas* das *ciências humanas*, como se as ciências exatas fossem desumanas (ou super-humanas) e as ciências humanas inexatas (ou não exatas). A terminologia anglo-saxônica é ainda pior: fala de *ciências duras* (*hard sciences*) e de *ciências suaves* (*soft sciences*)". Este aspecto levantado por Nicolescu, mesmo que em tom de crítica, traz a compreensão, que se verá no Capítulo II, de que a ciência jurídica buscou importar os rigorismos das "ciências duras" para fundamentar sua subjetividade, seus aspectos metafísicos (NICOLESCU, Basarab. *O manifesto da transdisciplinaridade*. 2. ed. Trad. de Lucia Pereira de

princípios da mecânica newtoniana às ciências da natureza e ciências humanas. Na esteira da física newtoniana, Locke, por exemplo, desenvolveu a concepção atomística da sociedade, descrevendo-a em termos de seu componente básico, o ser humano, tentando reduzir os padrões observados na sociedade ao comportamento dos indivíduos, estudando primeiro a natureza do ser humano individual e aplicando os princípios da natureza aos problemas econômicos e políticos. A análise de Locke se baseou na de Hobbes, que declarara ser a percepção sensorial a base de todo conhecimento. As ideias de Locke tiveram uma forte influência sobre o desenvolvimento do moderno pensamento econômico e político."[19]

Após o furor inicial reducionista-mecanicista do Paradigma da Modernidade, vislumbrou-se, nas mais variadas disciplinas, aproximadamente no final do século XIX — principalmente na Física (*hard*) e na Filosofia (*soft*) — que tais paradigmas perdiam sua característica de inquestionabilidade, de "certeza científica", não somente por suas limitações e falhas teóricas, mas também em decorrência das demonstrações de incoerência ética no relacionamento entre humanos e não-humanos.

1.5 Transições paradigmáticas e a Transmodernidade

Vários são os aspectos que levam a concepção do Paradigma da Modernidade — reducionista-mecanicista — a ser repensada, fazendo uma parcela do mundo voltar seus esforços para o desenvolvimento de uma abordagem diferen-

Souza. São Paulo: Triom, 2001, p. 106).
19 CAPRA, Fritjof. *Op. Cit.*, pp. 63-65.

ciada, mais "holística".[20]

Os avanços teórico-científicos se deram principalmente na Biologia e na Física, onde os estudos de Darwin (teoria da evolução das espécies e demais escritos) e as experiências de Einstein (teoria da relatividade) constituíram os primeiros passos no sentido de desacreditar as antigas teorias. Seguiram-se a Física Atômica, Subatômica e Quântica, demonstrando que o universo é muitíssimo mais complexo do que se imaginara e destituindo de importância os dogmas newtonianos e cartesianos.

A primeira revolução científica ocorrida no século passado, iniciada por Boltzmann com sua termodinâmica e deflagrada pela descoberta dos "quanta",[21] seguida pela teoria de desintegração do universo defendida por Laplace, desmistificou a validade absoluta do Princípio Determinista — o entendimento de que tudo poderia ser determinado e certo e a noção de que haveria uma unidade simples como base para o Universo.

Tais conhecimentos subverteram a ordem do mundo, substituindo o grandioso resquício da Divina (Mecânica) Perfeição por uma relação de diálogo, ao mesmo tempo complementar e antagônico, entre ordem e desordem.[22]

A descoberta do aspecto dual da matéria e do pa-

---

20 Weil, D'Ambrósio e Crema dizem que a abordagem holística conjuga a implicação de uma visão resultante da experiência, que, por sua vez, é geralmente o resultado de uma combinação de holopráxis, ou prática experimental, com o estudo intelectual, ou hololologia, um enfoque analítico e sintético, uma mobilização das funções ligadas ao cérebro esquerdo e direito mais a sua sinergia, um equilíbrio entre as quatro funções psíquicas, ou seja, a sensação, o sentimento, a razão e a intuição (WEIL, Pierre; D'AMBROSIO, Ubiratan; CREMA, Roberto. *Rumo à nova transdisciplinaridade: sistemas abertos de conhecimento.* 3. ed. São Paulo: Summus, 1993, p. 38.).
21 Plural de *quantum*, termo em latim que significa "quantidade" e é o objeto de estudo da física quântica.
22 MORIN, Edgar. *A cabeça bem-feita: repensar a reforma, reformar o pensamento.* Trad. de Eloá Jacobina. 7. ed. Rio de Janeiro: Bertrand Brasil, 2002, p. 56.

pel fundamental da probabilidade demoliu a noção clássica de objetos sólidos, pois na dimensão subatômica os objetos materiais da Física Clássica se dissolvem em padrões ondulatórios que não representam probabilidades de coisas, mas de interconexões, ou seja, as partículas subatômicas carecem de significado como entidades isoladas — somente podem ser entendidas como interconexões ou correlações entre vários processos de observação e medições.

Bohr, no mesmo ensejo, afirma serem as partículas materiais isoladas nada mais que abstrações, sendo suas propriedades definíveis e observáveis exclusivamente através de sua interação com outros sistemas. Capra conclui, de maneira despojada de adornos: "(...) as partículas subatômicas não são 'coisas', mas interconexões entre 'coisas', e essas 'coisas', por sua vez, são interconexões entre outras 'coisas', e assim por diante". Na teoria quântica não lidamos com "coisas", mas com interconexões.

A "certeza" sempre buscada na Modernidade, um pedido psíquico de segurança, desfaz-se por fim nos confins dos *quanta*.[23] O "impossível" no Paradigma da Modernidade se apresenta factível nos novos *insights* da nascente macrotransição paradigmática.

A compreensão sistêmica também se desenvolve em contraposição aos dogmas atomísticos modernos. A noção de "sistemas" começou, na segunda metade do século passado, a minar progressivamente a validade do conhecimento reducionista. Formulada basicamente por Bertalanffy ao longo dos anos 1950, a Teoria Geral dos Sistemas parte do princípio de que a maioria dos objetos da Física, Astronomia, Biologia e Sociologia — átomos, moléculas, células, organismos, sociedades, astros, galáxias — formam sistemas, conjuntos de partes diversas que constituem um todo organizado, de onde se

---

23 CAPRA, Fritjof. *Op. Cit.*, p. 75.

retorna à ideia, frequentemente formulada no passado, de que o todo é mais do que o conjunto das partes que o compõem.[24]

Nessa leitura, emergida ao final do século XIX, o mundo é visto em termos de relações e integração: é a compreensão sistêmica, onde as totalidades são integradas e as propriedades de determinados objetos não podem ser reduzidas a unidades menores. Em vez de se concentrar nos elementos ou substâncias básicas, a abordagem sistêmica enfatiza princípios básicos de organização. Exemplos de sistemas são abundantes na natureza: os organismos, desde a menor bactéria até os seres humanos, passando pela imensa variedade de plantas e animais, são uma totalidade integrada e, portanto, sistemas vivos. Os mesmos aspectos de totalidade são exibidos por sistemas orgânicos sociais — como o formigueiro, a colmeia ou a família humana — e por ecossistemas, que consistem numa variedade de organismos e matéria inanimada em interação mútua.

1.6 Críticas formuladas ao Paradigma da Modernidade

Baseadas na nova compreensão elucidada por diversos filósofos e cientistas, surgiram muitas críticas à concepção reducionista-mecanicista da Modernidade, demonstrando as limitações de seu campo de visão e da sua busca de uma amoralidade.

Ora, a "máquina investigadora" — um coletivo de cientistas — esquadrinha o objeto, o examina, inspeciona, o organiza em informações impessoais, categorizáveis, quanti-

---

24 Outrora já disse Pascal: "Sendo todas as coisas causadas e causadoras, ajudadas e ajudantes, mediatas e imediatas, e todas elas mantidas por um elo natural e insensível que interliga as mais distantes e as mais diferentes, considero impossível conhecer as partes sem conhecer o todo, assim como conhecer o todo sem conhecer, particularmente, as partes (...)" (MORIN, Edgar. *Op. Cit.*, p. 25-26.).

ficáveis, "objetivas"; como já demonstrou Laing, desmonta, separa as partes, enumera, classifica, processa seus dados. É toda uma liturgia (sado?)masoquista, não um poema de amor. Ao invés de erotismo, é um trabalho de pornografia — o pornô como um meio totalizante e fechado de expor algo que exclui a subjetividade dos outros sujeitos observadores, permitindo a estes somente uma, ou poucas maneiras de interpretação, enquanto o erótico incita uma apresentação aberta, com limites pouco definidos, poesia aberta para ser preenchida pelos sujeitos, pelo amor, pela reserva selvagem.

R. D. Laing

Sob essa ótica, nada mudou mais o mundo nos últimos quatrocentos ou quinhentos anos do que a obsessão dos cientistas pela medição e pela quantificação, caminho este que levou o saber humano a um local onde foram perdidos o som, a visão, o gosto, o tato e o olfato; e, com eles, foram-se também a sensibilidade estética e ética, os valores, a qualidade, a forma, todos os sentimentos, motivos, intenções, a alma, a consciência e o espírito. As experiências pessoais do investigador foram expulsas do Discurso Científico, que, como bem aponta Laing, acaba sendo "(...) um cerimonial de controle, controle da mente, do corpo, do comportamento, e sempre, o que quer que seja a mais, controle por puro controle, mais controle, controle perfeito, completo. O controle total seria presumivelmente alcançado quando nada mais acontecesse a não ser quando quiséssemos. Que autonomia vamos conceder a que coisa, a que pessoa, onde e quando?"[25]

No mesmo sentido, Warat expõe a "Condição Moderna", uma grande epopeia produtora de um modo específico de relações interpessoais, de cultura e sociedade — uma pluralidade heterogênea de fantasias, sintomas e identificações fazendo da razão uma enorme empresa destinada a resolver a tensão entre a Ordem e o Caos para, desta forma, criar na espécie humana a ilusão de que se pode viver fora das ambivalências da existência. A guerra Moderna contra o Caos se fragmenta, assim, em uma infinidade de microbatalhas interpretativas, resolvidas por unidades de guerrilhas epistêmicas que acabam por estabelecer, pela razão, trapaças para capturar os desejos.[26]

Grande parte do nosso "progresso" foi uma questão predominantemente "racional e intelectual", e essa evolução unilateral atinge agora um estágio alarmante, uma situação tão paradoxal que beira a insanidade. Grandes paradoxos sociais se desenvolveram:

Podemos controlar os pousos suaves de espaçonaves em planetas distantes, mas somos incapazes de controlar a fumaça poluente expelida por nossos automóveis e nossas fábricas. Propomos a instalação de comunidades utópicas em gigantescas colônias espaciais, mas não podemos administrar nossas cidades.[27]

---

25 LAING, Ronald David. *A voz da experiência: experiência, ciência e psiquiatria.* Trad. de Waldemar Boff. Petrópolis: Vozes, 1988, p. 41.
26 WARAT, Luis Alberto. "Pálpitos epistemológicos para el siglo XXI (segunda vuelta)". In: *Revista momento certo kairós.* Tubarão, v. 0, 2001, p. 26.
27 CAPRA, Fritjof. *Op. Cit.,* p. 38.

O estudo da ética é, portanto, de suprema importância para as ciências sociais: é impossível existir uma ciência social isenta de valores, pois qualquer análise isenta de fenômenos sociais se baseia no pressuposto tácito de um sistema de valores existente, implícito na seleção e interpretação de dados.[28] Os pensadores modernos, ao evitarem a questão dos valores, não estão sendo mais científicos; pelo contrário, porque negligenciam o enunciado explícito dos pressupostos subjacentes às suas teorias.

Como se pode notar, as críticas levantadas surgem por conta das necessidades sociais de um saber que transforme o paradigma hegemônico.

1.7 Aspectos emergentes: (d)o paradigma da complexidade

Nas (des)construções dos pensadores críticos, que têm em Morin um grande expoente, se desenvolve o "Paradigma da Complexidade". Conforme ele explica: "Existe complexidade, de fato, quando os componentes constituem um todo (econômico, político, social, psíquico, afetivo, mítico) inseparável e existe um tecido interdependente, interativo e inter-retroativo entre as partes e o todo, o todo e as partes."[29]

O Paradigma da Complexidade, ao compreender a fragmentação do cosmos em pedaços separados, dividindo os problemas, problematiza o pensamento moderno buscando unidimensionalizar algo que é multidimensional. Com isso, acaba atrofiando as possibilidades de se compreender e reflexionar os estudos, eliminando as oportunidades de um julgamento corretivo ou de uma visão em longo prazo. Cria-se uma

---

28 Idem, p. 313.
29 MORIN, Edgar. *Op. Cit.*, p. 14.

insuficiência para tratar os problemas mais graves, pois quanto mais os problemas se tornam multidimensionais — ao mesmo tempo ecológicos, psíquicos, planetários, familiares, conflitivos etc. —, maior a incapacidade de pensar sua multidimensionalidade; quanto mais a crise progride, mais progride a incapacidade de pensar a crise; quanto mais planetários tornam-se os problemas, mais impensáveis se tornam: populações, cientistas e pensadores ficam "perdidos no espaço". Alienada, uma inteligência se torna incapaz de perceber o complexo e o contexto planetário, ficando cega, incapaz e irresponsável. O ideal de sim-

Edgar Morin

plicidade de uma sociedade justa, relata Nicolescu, baseada numa Ideologia Científica e na criação de um "Homem Novo", desabou sob o peso da complexidade multidimensional.

> A cada estágio, a ordem apropriada de operação da mente requer uma apreensão global do que geralmente conhece, não somente uma compreensão em termos formais, lógicos, matemáticos, mas também de intuição, de imagens, sentimentos e de uso poético da linguagem. Isso envolve a harmonia entre o "cérebro esquerdo" e o "cérebro direito".[30]

Com o emergir do Paradigma da Complexidade, a noção de uma entidade física simples e independente se tornou

---

30 NICOLESCU, Basarab. *Op. Cit.*, p. 45.

problemática mesmo na Física Subatômica; o mesmo ocorreu na Biologia com a noção de organismos independentes, pois organismos vivos, sendo sistemas abertos, mantêm-se vivos e em funcionamento através de intensas transações com seu ambiente, que também consiste, parcialmente, em organismos. Afirma Capra que "a totalidade da biosfera — nosso ecossistema planetário — é uma teia dinâmica e altamente integrada de formas vivas e não-vivas. Embora essa teia possua múltiplos níveis, as transações e interdependências existem em todos os seus níveis".[31]

Grande parte dos organismos está não só inserida em ecossistemas, mas são eles próprios ecossistemas complexos, contendo uma infinidade de organismos menores possuidores de considerável autonomia e, ao mesmo tempo, integram-se harmoniosamente no funcionamento do todo complexo, mesmo não tendo, muitas vezes, consciência de sua função para o macrossistema.

1.7.1 Insustentabilidade e dominação x sustentabilidade e parceria

Além dos aspectos teóricos que embasam o atual movimento de macrotransição, na paradigmática emergente existe a questão prática da insustentabilidade do pensamento moderno, no sentido ecológico.

Claramente se observa o longo caminho a percorrer para a macrotransição, pois os paradigmas formados na Modernidade restam atuantes na civilização ocidental, lado a lado com o pensamento crítico. A paradigmática moderna, era onde os sujeitos desejavam ser governados unicamente pelo conhecimento científico puro, está em meio a uma grande transição: a denominada "Era Moderna", com suas priori-

---

31 CAPRA, Fritjof. *Op. Cit.*, p. 269.

dades, práticas e técnicas arraigadas, aparentemente eternas, está sendo desconstruída por muitos pensadores.

Por quê? A resposta está na insustentabilidade de nosso mundo. As relações que se desenvolveram entre as pessoas, entre elas e a Natureza, estão levando a crescentes crises e tensões. Esses dois conjuntos de relações — tanto ecológica quanto social — agora se tornaram insustentáveis. Conhecer essas "insustentabilidades" é fundamental para seguirmos, por nosso próprio esforço, em direção a uma civilização mais equilibrada e duradoura.[32]

O ser humano, como parte de um universo inter-relacionado, desde o microcosmo quântico até o macrocosmo galáctico, compartilha relações. Nesta era nova e diferente se recompreende que o humano faz parte da natureza, e não é dela um ente separado.

Sob o ponto de vista dos diferentes sistemas de paradigmas sociais, afirma Eisler, analisando esta era emergente, pelas correntes e contracorrentes da história passa a tensão dinâmica entre as duas possibilidades básicas da cultura humana: parceria ou dominação. Cada um desses modelos tem uma configuração bem diferente, visível quando são percebidos através de uma dinâmica sistêmica interativa, geralmente ignorada: as relações na esfera privada e pública estão entrelaçadas. É por meio das relações íntimas que se aprende e depois pratica o acatamento (ou a violação) dos Direitos Humanos e Animais e também o respeito (ou desrespeito) pelo meio ambiente.[33]

Um dos grandes desafios enfrentado atualmente é o de fomentar as relações baseadas na parceria, e não na dominação, tanto na esfera privada quanto na pública. Apesar de condicionados por milhares de anos à dominação, o ser humano tem capacidade para as relações baseadas na parceria.[34]

---

32 LASZLO, Ervin. *Op. Cit.*, p. 43.
33 EISLER, Riane. "A parceria e a nova consciência". In: LASZLO, Ervin. *Macrotransição: o desafio para o terceiro milênio*, pp. 204-205.
34 Idem, p. 205.

Diferenciado do pensamento reducionista-mecanicista, que entende cada objeto, incluindo o Homem-Máquina,[35] como independente do resto do meio, a cosmovisão da pré-tendida transmodernidade entende que desde a mais simples (ou complexa?) partícula/ onda quântica até as mais distantes e organizadas galáxias, tudo é inter-relacionado. O paradigma emergente nas "ciências abertas" testemunha a existência de conexão e comunicação constante entre todas as coisas que coexistem no cosmos e na biosfera, sendo o humano parte integrante na evolução da teia de conexões e comunicações que envolve o sistema planetário.

Na cosmovisão transmoderna, é grande a importância dada às inter-relações, creditadas à parceria entre os organismos — uma mentalidade que também difere drasticamente do paradigma individualista e subjetivista moderno, baseado, inicialmente, nas teorias econômicas liberais de um lado e, posteriormente, na teoria darwiniana da evolução do mais forte, adaptada às teorias econômicas neoliberais, onde a competitividade é o foco principal. A ideia da vida como uma luta pela sobrevivência é um dos diversos mitos da Modernidade com suas aberrações, entre elas a transposição do evolucionismo de Darwin para a esfera social, como bem mostrou o "darwinismo social" adotado pela ideologia nazista de Hitler. As consequências vão além da agressão armada de um país a outros: incutem a noção da batalha constante, conflagrando até as dimensões sutis da psique.

Sob o prisma da macrotransição, é grande a importância de se desenvolver e aprimorar as inter-relações pessoais, sendo crucial que a comunicação se desdobre em múltiplos níveis: "Antes de mais nada, o indivíduo precisa se comunicar

---

35 Denominação na qual o ser humano é visto como um grande organismo mecânico, uma máquina complexa e sofisticada, sendo seus órgãos comparados a peças, que, quando unidas, formam a "máquina humana".

consigo mesmo, cuidando do eu interior e o desenvolvendo" e, concomitantemente, "(...) precisa manter melhor contato com aqueles que formam o contexto imediato de sua vida — família, comunidade e trabalho ou profissão."[36]

1.7.2 Das disciplinas "autônomas", rumo ao paradigma da transdisciplinaridade

Do antagonismo de uma ciência buscando ser reducionista em face de um universo complexo, ocorreu ao longo do século XX, continuamente mais acelerado por conta da globalização, um "big bang" disciplinar — um grande aumento na criação de disciplinas ditas "autônomas". Na trajetória incessante de cada ciência para decompor seus objetos de estudo, o campo de cada disciplina se torna, de maneira inevitável, cada vez mais estreito, fazendo com que a comunicação entre elas fique cada vez mais difícil — fenômeno científico resultante das "necessidades de uma tecnociência sem freios, sem valores, sem outra finalidade que a eficácia pela eficácia",[37] que o impulso de vencer e conhecer, a qualquer preço.

Conforme Morin, logo surgiu a "separação das ciências em disciplinas hiperespecializadas, fechadas em si mesmas",[38] sem permitir sua integração a uma problemática global ou uma concepção de conjunto do objeto do qual ela considera apenas um aspecto ou uma parte. Interessante, mas triste, a constatação de que, na atualidade, a soma dos melhores especialistas em suas especialidades não consegue gerar senão uma incompetência generalizada, pois a soma das competências não resulta na formação de uma competência

---

36 LASZLO, Ervin. *Op. Cit.*, p. 157.
37 NICOLESCU, Basarab. *Op. Cit.*, p. 42.
38 MORIN, Edgar. *Os sete saberes necessários à educação do futuro.* Trad. de Catarina Eleonora F. da Silva e Jeanne Sawaya. 6. ed. São Paulo: Cortez, 2002, p. 40.

extra-ordinária. A separação atomístico-newtoniana e carte-
siana das disciplinas, com a intenção de melhor compreender
um universo fantasiado de máquina, acarretou esta *babeliza-
ção* das ciências.

Com os palpitares paradigmáticos da macrotransição
atual, as ditas disciplinas científicas "autônomas" são contra-
balançadas pelas transformações. As ciências humanas, para-
doxalmente, são as que oferecem a mais fraca contribuição ao
estudo, conhecimento e auxílio da condição humana, "precisamente porque estão desligadas, fragmentadas e comparti-
mentadas. Esta situação esconde inteiramente a relação indi-
víduo/ espécie/ sociedade, e esconde o próprio ser humano".[39]

Historicamente, pela intensa necessidade de se pro-
moverem "laços" entre as diferentes disciplinas, surgiram em
meados do século XX as concepções de pluridisciplinaridade
e de interdisciplinaridade. A pluridisciplinaridade é o estudo de um objeto, de uma disciplina, por várias disciplinas ao
mesmo tempo; desta forma, o conhecimento do objeto em sua
própria disciplina é aprofundado por uma fecunda contribuição pluridisciplinar através de diversas leituras, por diferentes
linguagens científicas. A abordagem pluridisciplinar ultrapassa as disciplinas, mas seu fim é inscrito na estrutura da pesquisa disciplinar.[40] Na interdisciplinaridade, há transferência
de métodos de uma disciplina para outra. É possível distinguir
três dimensões de interdisciplinaridade:

a) *uma dimensão de aplicação.* Por exemplo, os métodos da física nuclear transferidos para a medicina levam ao aparecimento de novos tratamentos do câncer;
b) *uma dimensão epistemológica.* Por exemplo, a
transferência de métodos da lógica formal para o cam-

---

39 MORIN, Edgar. *A cabeça bem-feita:* repensar a reforma, reformar o
pensamento, p. 41.
40 NICOLESCU, Basarab. *O manifesto da transdisciplinaridade*, p. 50.

po do Direito produz análises interessantes na epistemologia do Direito; c) *uma dimensão de geração de novas disciplinas.* Por exemplo, a transferência de métodos da Matemática para o campo da física gerou a Física-Matemática.

Como na pluri, a interdisciplinaridade ultrapassa as disciplinas, No entanto, por sua terceira dimensão, a interdisciplinaridade contribui para o big bang disciplinar.[41]

Finalmente, o desenvolvimento da transdisciplinaridade[42] é mais recente que o da inter e pluridisciplinaridade. O termo foi utilizado pela primeira vez por Piaget:

(...) enfim, no estágio das relações interdisciplinares, podemos esperar o aparecimento de um estágio superior que seria "transdisciplinar", que não se contentaria em atingir as interações ou reciprocidades entre pesquisas especializadas, mas situaria essas ligações no interior de um sistema total, sem fronteiras estáveis entre as disciplinas.[43]

Nesse viés, um dos objetivo da transdiciplinaridade é a compreensão do mundo presente, para o qual um dos imperativos seria a unidade do conhecimento, ou seja, uma busca de conciliação do complexo de conhecimentos. Interessante notar que para o pensamento transdisciplinar, por exemplo, o pensamento reducionista-mecanicista não é absurdo; sim-

---

41 NICOLESCU, Basarab. *Op. Cit.,* pp. 50-51.
42 O prefixo 'trans' diz respeito àquilo que está ao mesmo tempo entre as disciplinas, através das disciplinas e além de qualquer disciplina (Idem, p. 51.).
43 PIAGET, Jean. "Colloque sur l'interdisciplinarité". Nice: OCDE, 1970. In: NICOLESCU, Basarab. "Science et tradition". Paris: Troisième Millénaire. n. 23, 1992. In: WEIL, Pierre; D'AMBROSIO, Ubiratan; CREMA, Roberto. *Op. Cit.,* p. 30.

plesmente, seu campo de aplicação é considerado restrito,[44] isso porque, embora possa utilizar alguns métodos desenvolvidos no Paradigma da Modernidade, mantêm unidos os novos paradigmas que se desenvolvem.

A metodologia de pesquisa da transdiciplinaridade se assenta em três bases: os Níveis de Realidade, a Lógica do Terceiro Incluído e a Complexidade. Das três, de modo sintético, o Nível de Realidade se compreende como o conjunto de sistemas invariantes sob a ação de um número de leis gerais — a "realidade" é entendida como aquilo que resiste às experiências, representações, descrições, imagens ou formalizações matemáticas, daí que, por exemplo, dois níveis de realidade serão diferentes se, passando de um para o outro, houver ruptura das leis e ruptura dos conceitos fundamentais.[45] Quando Planck testemunhou no universo quântico o fenômeno da descontinuidade, verificando campos de existência do "nada" — nem objetos, nem átomos, nem moléculas, nem partículas ou ondas, apenas o nada entre um ponto e outro —, rompia-se a noção de causa e efeito (lei segundo a qual uma ação desen-

---

44 NICOLESCU, Basarab. *O manifesto da transdisciplinaridade*, p. 51.
45 Como, por exemplo, a quebra da causalidade e a continuidade no microuniverso quântico, diferente do macrouniverso físico humano onde a causalidade e a continuidade existem e são leis físicas. A "causalidade local" simplesmente não existe no microuniverso quântico. Assim, Planck, Bohr, Einstein, Pauli, Heisenberg e tantos outros vieram a conhecer e desvendar a nova mecânica quântica, posteriormente chamada de física quântica, onde se descobriu que uma "(...) abolição brusca da pluralidade dos valores possíveis de um 'observável' físico, pelo ato de medir, tinha uma natureza obscura mas indicava claramente um novo tipo de causalidade". Mais adiante, Bell traz o conceito da não separabilidade quântica, onde, diferente do mundo macrofísico humano, "(...) se dois objetos interagem num momento dado e em seguida se afastam, ele interagem, evidentemente, cada vez menos". No mundo quântico estas inter-relações ocorrem de maneira diferente das leis macrofísicas: por mais que um quantum se afaste de outro, continua a interagir como se estivesse ainda próximo, ou seja, o espaço (espaço -tempo) não tem significância, nem mesmo o tempo, pois diferente da vida macrofísica, onde existe a imposição da "flecha do tempo" (nascer, crescer, morrer), o quantum é eterno, ou seja, reside em outro "nível de realidade" (NICOLESCU, Basarab. *O manifesto da transdisciplinaridade*, pp. 28-29.)

cadeia uma reação num objeto subsequente).[46]

A Lógica do Terceiro Incluído é a compreensão de que existe um terceiro termo "T" que é ao mesmo tempo "A" e "não-A"; explica-se de maneira mais compreensível se situada no conceito de Níveis de Realidade, pois "se permanecermos num único nível de Realidade, toda manifestação aparece como uma luta entre dois elementos contraditórios (por exemplo: onda A e corpúsculo não-A). O terceiro dinamismo, o do estado T, exerce-se num outro nível de realidade, onde aquilo que parece desunido (onda ou corpúsculo) está de fato unido (quantum), e aquilo que parece contraditório é percebido como não contraditório".[47]

Observa-se que a Lógica do Terceiro Incluído não elimina a Lógica do Terceiro Excluído, apenas limita seu campo de validade. "A lógica do terceiro excluído é certamente válida por situações relativamente simples, como, por exemplo, a circulação de veículos numa estrada: ninguém pensa em introduzir, numa estrada, um terceiro sentido em relação ao sentido permitido e proibido". Destarte, a "lógica do terceiro incluído é uma lógica da complexidade e até mesmo, talvez, *sua* lógica privilegiada, pois permite atravessar, de maneira coerente, os diferentes campos do conhecimento".[48]

A terceira base do método de pesquisa transdisciplinar, a Complexidade, já foi analisada com o paradigma da complexidade.

Com essas bases metodológicas genéricas complexas, fundamenta-se em primeiro lugar a noção de que o universo é muito mais abrangente do que aquilo que pode ser conhecido pelos cinco sentidos humanos; assim, mesmo algo considerado "cientificamente impossível" de se realizar deve ser considerado "cientificamente impossível de realizar em um

---

46 Idem, p. 25.
47 Ibidem, pp. 36-37.
48 Ibidem, pp. 38-39.

determinado Nível de Realidade e conjunto de leis a que está submetido", pois em outras realidades (a quântica, ou a estelar, por exemplo), onde as leis são outras, é passível de realizar-se. Por segundo, com essas noções metodológicas é possível realizar estudos nas disciplinas e dali destacar os conhecimentos, axiomas e teorias que não só a elas se apliquem, mas também a quaisquer outras. Por exemplo, conhecimentos desenvolvidos na Psicanálise auxiliam teoricamente na formação de conhecimentos do Direito, Pedagogia, Medicina etc. Por óbvia que essa concepção possa parecer para determinados pensadores, na clausura das disciplinas "autônomas" forjadas nos moldes da modernidade tal abertura conceitual não é (re)conhecida.

Pois bem, escrevemos até aqui acerca dos paradigmas e suas influências sociais, da formação paradigmática da modernidade — que, por (in)consequência, foi fundamento de uma contemporaneidade deveras contraditória e em muitos aspectos insustentável, não só em uma comunidade isolada, mas de uma insustentabilidade planetária, que torna urgente à sociedade mundial repensar e re-sentir seus paradigmas nos mais diversos campos de conhecimento.

Concluídas estas linhas gerais de modo altamente sintético, enfocaremos a seguir as inter-relações entre os paradigmas desenvolvidos historicamente na modernidade e os pretendidos em um devir transmoderno, sob o enfoque das dimensões da Filosofia e do Direito e visando um caráter aberto e flexível nas considerações.

Capítulo 2
Direito e filosofia modernos, contemporâneos e suas (pré)tensões transmodernas

Neste capítulo trataremos de metamorfoses ocorridas na Filosofia e no Direito desde a Modernidade, observando a formação de algumas linhas teóricas e seus desenvolvimentos, partindo das transições mais significativas ocorridas no século XX até a contemporaneidade, para, finalmente, darmos bordo na pretendida transmodernidade, principalmente nas linhas orientadas por Warat.

2.1 O direito da modernidade, baseado em uma filosofia da consciência

Antes de o Direito da modernidade estar em primeiro plano, respeitava-se exclusivamente o Direito Natural — uma postura de pensamento na qual se acreditava estar o justo, o jurídico, a lei, ligada a algo mais além, acima do direito positivo, do direito escrito, havendo uma ordem precípua de caráter objetivo, imutável, derivado da natureza e onde o direito

humano encontrava seu fundamento.[49] Explica Fernández-
-Galiano que o Direito Natural é uma linha teórica com diversos ramos, desenvolvidos na marcha histórica desde os pré-
-socráticos e alterados conforme os paradigmas sociais.[50] Das
diversas correntes, citamos:

— o jusnaturalismo "pagão" — o dos gregos, por
exemplo, um naturalismo cosmológico onde a natureza
é entendida como cosmos ou conjunto de seres corpó-
reos ligados a uma *physis,* supraconsciência;
— o jusnaturalismo clássico ou cristão, com base
aristotélica e ornado pela filosofia e características ro-
mano-cristãs, onde a filosofia medieval cunhou uma
imagem de mundo fundada na ideia da contingência,
sendo o universo e seus demais seres desnecessários,
contingentes, e Deus o único ser realmente necessário,
pois sua essência consiste no existir, Dele e dos demais
seres; até esse momento na marcha histórica a ordem
hegemônica seguia uma postura que não diferenciava
a moral do Direito, estando ambos imbricados e inter-
dependentes, impostos forçosamente pela instituição
legitimada historicamente, sem espaço para os pensamentos dos sofistas ou mesmo dos positivistas céticos,
que ficaram na marginalidade; o Direito Natural Clássico estava estritamente ligado às instituições morais da
época: a Religião e a Igreja Católica, sendo sua hierarquia responsável objetivamente pela voz, pela escrita e
pelos pedágios existenciais;
— por fim, o jusnaturalismo racionalista, derivado
do jusnaturalismo clássico, inicia pequenas transgres-

---

49 FERNÁNDEZ-GALIANO, Antonio; CID, Benito de Castro. *Lecciones
de teoria del derecho y derecho natural.* 3. ed. Madrid: Editorial
Universitas, 2001, p. 426
50 Idem, pp. 337-528.

sões paradigmáticas buscando secularizar o Direito, desindexando-o diretamente da Religião; inaugurou--se, por conta dos paradigmas da modernidade, o pensamento de que através de um método incontroverso, "científico", se deduz o Direito da Natureza, especificamente o da essência humana; alguns expoentes destas rupturas entre a moral e o Direito foram Grotius, Puffendorf, Thomasius e Wolff.

Escreve Fernández Garcia que o Direito Natural se seculariza, ao menos tenta; a partir daquele momento, o fundamento metafísico é a Natureza Humana, deduzida através de um método (cartesiano) e dali encontrando uma postura ética e conteúdo para a Ciência Jurídica; acredita em uma "estrutura natural racionalizável" universal e de validade eterna, imperecível, desindexada do tempo e da história.[51]

São postulados básicos do jusnaturalismo racionalista: (i) o Direito Natural é desvinculado do Deus cristão; (ii) a construção do direito natural é reconhecida pela razão humana; (iii) diferencia-se o "estado de natureza" do "estado civil" (ficando a liberdade de pactuar relativa a esse estado de civilidade); (iv) a natureza humana empírica é ponto de partida para o reconhecimento do Direito; e, por fim, (v) a separação do Direito e da Moral.[52]

A gradual modificação paradigmática franqueou o surgimento do pensamento positivista e do positivismo jurídico, pois, com a possibilidade de um Direito desvinculado de ramos transcendentes, criada por autores jusnaturalistas,

---

51 FERNÁNDEZ GARCÍA, Eusébio. "El iusnaturalismo racionalista hasta finales del siglo XVII. In: _____; PECES-BARBA, Gregório. *Historia de los derechos fundamentales*. Tomo I: *Transito a la modernidad, siglos XVI y XVII*. Madrid: Dykinson/ Universidad Carlos III, 1998, pp. 576-579.
52 FERNÁNDEZ-GALIANO. Antonio; CID, Benito de Castro. *Op. Cit.*, pp. 473-474.

as estruturas hegemônicas dominantes perdem gradualmente sua força; torna-se possível imaginar um Direito livre do objetivismo — sendo unicamente válido o direito positivado, ou seja, o direito escrito, criado pela razão humana, não aquele derivado de essências e baseado somente em dados empíricos, no conhecimento humano e suas experiências. No positivismo não se reconhece uma realidade jurídica sem uma abstração imediata e empírica, diz Fernández-Galiano: o juspositivismo é uma visão antagônica ao jusnaturalismo; no entanto, herda deste a tradição existente do Direito e tenta, a partir dela, um trabalho de secularização, de purificação, de perfeição e rigor científico.

O que existia de Direito a serviço de uma instituição — na Idade Média, principalmente a Igreja Católica —, é agora privilégio de outro(s) grupo(s), como os governantes do Estado ou a emergente burguesia. O que ocorre é uma ressignificação do aparato jurídico existente e utilizado pelo novo paradigma mecanicista-reducionista — finalmente incorporado aos códigos legais como uma mistura entre o jusnaturalismo e o positivismo —, disputando obras doutrinais da época que formavam o senso comum teórico dos juristas e demais pensadores.

O Direito é, na modernidade, uma ciência construída sobre princípios filosóficos que honram, basicamente, a crença no caráter universal das soluções jurídicas e nos benefícios da Lei Todo-Poderosa,[53] preceitos estes que elencam a base epistêmica do Direito Moderno e se fazem representar pelo: (i) universalismo; (ii) unidade da Razão Jurídica do Estado; (iii) subjetivismo; (iv) abstração; (v) axiomatização; e (vi) simplicidade.[54]

---

53 ARNAUD, André-Jean. *O direito traído pela filosofia*. Trad. de Wanda de Lemos Capeller e Luciano Oliveira. Porto Alegre: Sérgio Antônio Fabris Editores, 1991, p. 246.
54 ARNAUD, André-Jean. *O direito entre modernidade e globalização: lições de filosofia do direito e do estado*. Trad. de Patrice Charles

Sobre eles, Arnaud, jurista contemporâneo, traz explicações. O universalismo é tido como um preceito etnocentrista, no qual se convenciona que os produtos da filosofia ocidental são válidos *urbi et orbi*. Essa ideia de universalismo é, como se sabe, um vestígio daquele antigo Direito Natural desenvolvido na Grécia e levado até os pensadores políticos e do iluminismo "através das interpretações desviacionistas efetuadas na Idade Média e na época do Renascimento na Europa ocidental".[55] Também outros interesses se apresentaram para favorecer o enraizamento do universalismo — ou seja, uma concepção de ciência jurídica padronizada e desindexada da moral, mas válida para todos —, entre eles o desejo, por parte dos emergentes burgueses, de desenvolver e manter o poder econômico, já que um pluralismo jurídico, típico das sociedades medievais, obstruiria as relações comerciais.[56] Nesse sentido, Weber retratou:

> Naturalmente, cabe sobretudo aos interessados burgueses exigir um direito inequívoco, claro, livre de arbítrio administrativo irracional e de perturbações irracionais por parte de privilégios concretos: direito que, antes de mais nada, garanta de forma segura o caráter juridicamente obrigatório de contratos e que, em virtude de todas as qualidades, funcione de modo calculável.[57]

Acreditava-se que a universalidade de normas e perfazeres jurídicos seria facilitadora das negociações; e, realmente, assim tem ocorrido, sendo sua influência igualmente sentida

---

Wuillaume. Rio de Janeiro: Renovar, 1999, p. 201.
55 Idem, p. 204.
56 Ibidem, pp. 69-70.
57 WEBER, Max. *Economia e sociedade: fundamentos da sociologia compreensiva*. Trad. de Regis Barbosa e Karen Elsabe Barbosa. Brasília: UNB. 1999, v. 2, p. 123.

na manutenção do poder e da ordem junto a povos economicamente escravizados e colônias de exploração.[58] A aliança entre os interesses principescos e os das camadas burguesas foi uma das forças motrizes mais importantes na racionalização positivista e formal do Direito.[59] Ora,

> Se seguimos os filósofos, os juristas e os legisladores do fim do século XVIII, vemos que o Direito era suscetível de um conhecimento universal, pois os princípios que os ditavam estavam inscritos no coração de cada um de nós, e podiam ser conhecidos graças às luzes naturais da razão. (...) o contrato social fazia que a lei, votada em nome de todos, devesse ser aplicada em comum acordo, igualmente para todos.[60]

Tal universalismo está altamente imbricado com os paradigmas do subjetivismo, da abstração e da axiomatização. O subjetivismo da escola do Direito Natural Racional (ou Moderno) é uma teorização da ideia do sujeito no centro do mundo, logo, no centro do Direito. Seu caráter fundamental e específico o diferencia do Direito Natural Clássico e seu objetivismo, antigo e medieval.[61]

Partindo do subjetivismo, os juristas desenvolveram para os princípios da vida em sociedade a ideia das regras elementares que presidem as relações jurídicas, de caráter imutável e inerente ao ser humano. Disso decorre que as regras

---

58 Enrique Dussel, com sua Filosofia da Libertação, discorre mais (e desconstroi) acerca da "criação do Mito da Modernidade" e do eurocentrismo desenvolvidos após a descoberta do "Novo Mundo" e desta exploração escravisante. Veja-se, principalmente: DUSSEL, Enrique. *Ética da libertação*: na idade da globalização e da exclusão. Trad. de Ephraim Ferreira Alves, Jaime A. Clasen e Lúcia M. E. Orth. 2. ed. Petrópolis: Vozes, 2002.
59 WEBER, Max. *Op. Cit.*, p. 123.
60 ARNAUD, André-Jean. *Op. Cit.*, p. 246.
61 FERNÁNDEZ GARCÍA, Eusébio. *Op. Cit.*, p. 584.

serão aplicadas universalmente, pois "(...) em qualquer lugar do mundo, um sujeito é um sujeito, e mantém, gravado no seu coração os princípios fundamentais do direito",[62] aqueles abstraídos do plano ideal (Platão). Nas mesmas linhas, Arnaud relembra que, se anteriormente à era moderna o Direito era algo muito concreto, "(...) antes de mais nada um negócio de magistrados, que resolviam as causas uma a uma de maneira muito pragmática (...)", ao se entrar na pré-modernidade se torna abstrato devido à caracterização acadêmica, universitária.

A *abstração*, cultivada na Alta Idade Média nos meios universitários em plena renovação, levou a um nível de generalização raramente alcançado até então, e facilitou as classificações, tornando possível uma ciência racional sistemática do direito, baseada em uma construção axiomática de um corpo de preceitos do direito.[63]

Com o trabalho subjetivo e abstrato, a axiomatização aflorou como um dos preceitos do Direito, cuja codificação total permite articular todas as regras e postulados fundadores, dos quais não é senão a consequência levada ao extremo. A Ordem Jurídica é, nessa concepção, uma ordem piramidal: no pináculo jurídico encontra-se um princípio inicial, de acabamento refinado, denominado "norma fundamental" — *Grundnorm*, do positivista Kelsen —, e na base um conjunto de regras regendo as situações específicas.[64] Nessa escala hierárquica, a cidadania do sujeito se reduz aos indivíduos que participam indiretamente das decisões do Estado; aos que ficam abaixo da base piramidal é delegada a missão de decidir

---

62 ARNAUD, André-Jean. *Op. Cit.*, p. 246.
63 Idem, p. 205.
64 Ibidem, p. 206.

seus próprios conflitos. "Opera a instituição por intermediários e por símbolos representando o conflito", diz Legendre. "Nela se faz necessário um discurso regrado, pontualmente recitado, rigoroso em sua gramática e para preservar a escala dos sentidos, consequentemente, discurso ortodoxo e de saber".[65]

Combinados, *abstração, axiomatização* e *subjetivismo* permitiram aos autores da época moderna, notadamente os do jusnaturalismo racionalista e os do juspositivismo, a construção axiomática de uma Ciência de Direito, fundada sobre a primazia do sujeito: este é o Sujeito de Direito, o titular de direitos "subjetivos", que tem todos os direitos inerentes, convencionado para trazer resultados empíricos aceitáveis.

Os direitos do indivíduo antecedem a constituição do Estado. Para a visão jusnaturalista racionalista, os princípios do direito se encontram gravados no coração e na razão de todo indivíduo: eis a origem do adágio *"Nemo censetur ignorare legem"*, segundo o qual se supõe que todas as pessoas conhecem a lei igualmente, como na pretensão universalista do direito.[66]

Cabe discorrer ainda sobre o preceito da simplicidade, que institui a crença na possibilidade de um catecismo de regras do Direito fácil de ser assimilado por todos os indivíduos, de maneira universal[67] — é a faceta do paradigma cartesiano--newtoniano (reducionista-atomista) presente na Ciência Jurídica.

Tais aspectos, desenvolvidos na modernidade, se fundamentam claramente numa metafísica disfarçada em metalinguagens aprioristicas, baseadas em preceitos helenísticos, platônico-aristotélicos, buscando no plano ideal, pela razão,

---

65 LEGENDRE, Pierre. *O amor do censor: ensaio sobre a ordem dogmática.* Trad. de Aluísio Pereira de Menezes e Potiguara Mendes da Silveira Jr. Rio de Janeiro: Forense Universitária, 1983, p. 9.
66 ARNAUD, André-Jean. *Op. Cit.*, p. 206.
67 Idem, pp. 215-216.

os direitos e uma concepção de Justiça — este é o fundamento do "sistema de justiça", ou mesmo, do "ideal de justiça"[68] moderno, baseado numa Filosofia da Consciência.

2.2 Aspectos transitivos contemporâneos no Direito

A sociedade contemporânea passa (impelida?) por um momento de transição em alguns paradigmas; o Direito transita igualmente nesse caminho de mudança — infinita *highway* —, pois seus paradigmas já não satisfazem as realidades apresentadas.

2.2.1 O desenvolvimento de uma atitude crítica do Direito

Aproximadamente em meados do século XX foi iniciado um movimento com pretensões de questionar as ideias acerca do Direito e da sociedade que, como estas eram tratadas nas universidades, se autodenominou "Teoria Crítica do Direito",[69] demonstrando o "caráter fetichizado" da cultura ju-

---

68 Kelsen demonstra o problema existente nos fundamentos dos valores "justiça" e "verdade" verificando que estes se fundam nos ideais inseridos em cada sociedade, por elas seguidos, e, por fim, aceitos como base de seu Direito. (KELSEN, Hans. *O problema da justiça.* Trad. de João Baptista Machado. 3. ed. São Paulo: Martins Fontes, 1998, p. 67.)

69 Explicam Warat e Pêpe que, na realidade, "(...) não se produziu nenhuma teoria crítica, mas uma crítica às teorias jurídicas hegemônicas, principalmente ao positivismo jurídico." Desta forma o "(...) que se chama de teoria crítica é tão-somente um conjunto de abalos e cumplicidades contras as teorias dominantes. Seu objetivo assemelha-se a uma guerra de guerrilhas, isto é, infinitas estratégias teóricas que visam minar os alicerces da fortaleza do dogmatismo jurídico. Um espaço teórico bastante fragmentado, nada monolítico e cheio de promessas" (WARAT, Luís Alberto; PÊPE, Albano Marcos Bastos. *Filosofia do direito: uma introdução crítica.* São Paulo: Moderna, 1996, p. 64.).

rídica na modernidade, pois, do ponto de vista formal, a produção das doutrinas jurídicas — jusnaturalismo, juspositivismo, realismo sociológico etc. — exibe diversas insuficiências epistemológicas, principalmente por serem concebidas à margem dos demais saberes constituídos da sociedade, ou seja, por sua linha puramente *unidisciplinar.*

No discurso crítico também se busca romper o isolamento mútuo a que se submetem os juristas e os cientistas políticos para repensar uma concepção do Estado não prisioneira da tutela teórica dos juristas; interroga-se o grau do caráter emancipatório do Direito visando a formação de uma sociedade menos dependente das políticas estatais — questionando a legitimidade das condutas jurídicas ditas legais e denunciando a racionalização das normas aplicadas pelas ciências jurídicas no "mundo da vida", no mundo dos que sofrem — com vistas a produzir um paradigma participativo, onde atuem múltiplos processos decisórios como fatores de intermediação das demandas da sociedade, não como agentes do Estado: esta é a possibilidade de uma nova inter-relação entre a técnica e a prática jurídica.

Por fim, o discurso crítico enfoca a quebra de um universo jurídico pleno de certezas e dogmatismo, constituído de escolas de Direito sem uma estrutura racional de pensamento, em cuja ação difusa e pouco clara as vocações e diretrizes são tomadas trivialmente, desprovidas de uma reflexão crítica da teoria e da prática.[70]

Com o surgimento e desenvolvimento da Teoria Crítica do Direito, foi criada e fortalecida, no pensamento de diversos filósofos, uma "atitude crítica do Direito" onde se buscou, e ainda se busca, a quebra do "senso teórico comum" — como assinalado por Warat e Pêpe, um saber jurídico baseado em apropriações trivializadas e dispersas de ideias pertencentes a

---

70 Idem, pp. 65-68.

modelos teóricos diversos, desvinculadas das matrizes em que foram produzidas — por exemplo, conceitos kelsenianos fundidos com representações jusnaturalistas, tudo isso misturado aos princípios ideológicos do liberalismo —, em suma, imagens cotidianas, sumarizadas, que criam "(...) a ilusão de uma realidade jurídica composta de dados claros, transparentes e que podem ser interpretados com segurança mediante uma razão comandada pela intuição (alucinatória)."[71]

Até porque os preceitos formulados na modernidade eram apresentados de forma imperativa — no sentido literal da palavra, pois quando o imperador ou papa dava seus créditos a uma teoria, todos os demais deveriam dizer "Sim, Senhor!" ou "Amém!" (Princípio da Autoridade); e mesmo com a quebra de muitos paradigmas políticos imperial-monárquicos, os preceitos epistemológicos continuam os mesmos.

Através da atitude crítica desenvolvida deu-se início às escolas de pensamento jurídico projetadas para criar reviravoltas nos paradigmas oriundos da modernidade. A Filosofia da Linguagem, desenvolvida no início do século XX, fundamenta essa atitude, unindo as teorias críticas e tratando, principalmente, de valores epistemológicos e hermenêuticos.

2.2.2 O desenvolvimento da Filosofia da Linguagem Ordinária, pressuposto de refutação da Filosofia da Consciência no Direito

A chamada Filosofia da Consciência foi a base do Direito no Paradigma da Modernidade, ou seja, o sujeito, portador do *cogito*, da subjetividade — diga-se, de consciência —, conhecia *a partir desta* o universo ao seu redor e, desse

---

71 WARAT, Luís Alberto; PÊPE, Albano Marcos Bastos. *Op. Cit.*, pp. 86-87.

ponto inicial, formulava o conhecimento. Habermas aduz diversas críticas a tal concepção: autoconsciência, base da subjetividade abstrata e ponto de partida para a análise autorreferenciada do sujeito cognoscente, leva à discussão de que tal autoconsciência não pode ser um fenômeno originário, apriorístico. Ora, a espontaneidade da vida consciente não consegue assumir a forma de objeto sob o qual subsume para poder ser detectada no momento em que o "sujeito se debruça sobre si mesmo" — sai de si para se observar como ente (objeto) autoconsciente.[72]

Jürgen Habermas

Os entendimentos acerca da lógica e da semântica deram duros golpes na concepção da teoria do objeto resultante da estratégia conceitual da Filosofia da Consciência, pois, nas palavras de Husserl, os atos do sujeito *vivenciador, agente e sentenciador* somente se referem a objetos intencionais. Todavia, este esboço de um objeto representado não faz jus à estrutura proposicional dos estados de coisas pensados e enunciados.[73] A compreensão da consciência, considerada basilar, com caráter incondicional e originário seguindo as linhas de Kant e Darwin, é desestruturada pelas teorias de Freud, Saussure e Piaget, categorias "terceiras" ao dualismo dos conceitos fundamentais da Filosofia da Consciência.

A epistemologia complexa se forma a partir do "conhecimento do conhecimento", e compreendemos os seus li-

---

72 HABERMAS, Jürgen. *Pensamento pós-metafísico: estudos filosóficos.* Trad. de Flávio Beno Siebeneichler. Rio de Janeiro: Tempo Brasileiro, 1990, p. 53.
73 Idem, p. 54.

mites. No mesmo sentido de Habermas, defendemos não haver conhecimento "espelho" do mundo objetivo, e nem mesmo um mundo objetivo. "O conhecimento é sempre tradução e construção"; toda observação e toda concepção devem incluir o conhecimento do observador. "Não há conhecimento sem [prévio] autoconhecimento".[74]

Pois bem, verificadas tais premissas, assevera Habermas que a Filosofia da Linguagem vem, por seus métodos, apresentar vantagens em relação à da Consciência, pois rompe com a ideia tradicional segundo a qual a linguagem deveria ser representada segundo o modelo da subordinação de nomes e objetos, compreendida como um mero instrumento de comunicação e permanecendo fora do conteúdo dos pensamentos — em contraponto a uma filosofia do sujeito, cujo acesso às realidades da consciência seria inevitável e introspectivo. A Filosofia da Consciência é invalidada, pois o conhecimento não é "inspirado" no plano ideal nem retirado dele, da razão ou autoconsciência, mas formado através da interação linguística entre sujeitos.[75]

2.2.3 O florescer da Filosofia da Linguagem

A Filosofia da Linguagem[76] floresce a partir do início

---

74 MORIN, Edgar. *Meus demônios*. Trad. de Leneide Duarte e Clarisse Meireles. 2. ed. Rio de Janeiro: Bertrand Brasil, 2000, pp. 200-201.
75 HABERMAS, Jürgen. *Op. Cit.*, p. 55.
76 De forma sintética, a linguagem é um sistema de signos inter-relacionados com o fim de formar signos mais complexos (significando, representando uma compreensão de realidade), esta sendo formada por três dimensões: sintática, semântica e pragmática. Destarte, a sintática seria o estudo dos sinais relacionados entre si, suas conexões, como teoria da construção da linguagem; a semântica vem a ser a inter-relação dos signos com os objetos extralinguísticos, ou seja, os objetos denotados, uma vinculação das afirmações do discurso ao campo objetivo a que este se refere; e a pragmática estuda o valor informativo dos signos e os sujeitos interligados a eles, verificando, neste momento, a conexão situacional na qual os signos são utilizados na práxis (STRECK, Lenio Luiz. *Hermenêutica jurídica e(m)*

do século XX como o desenrolar dessa viragem linguística — giro linguístico em Rorty, guinada linguística em Habermas, ou, ainda, reviravolta linguística em Manfredo Oliveira —, surgindo em três flancos, conforme Streck.[77]

O primeiro tem suas bases no neopositivismo lógico[78] ou empirismo lógico, buscando a construção de linguagens ideais (inicialmente chamado "Circulo de Viena", na década de 1920); visava reduzir a filosofia à epistemologia e esta, por conseguinte, à semiótica: a missão mais importante da filosofia deveria se realizar à margem das especulações de cunho metafísico; na busca de questionamentos estritamente linguísticos, pregava o rigor discursivo como paradigma científico para elaborar uma linguagem mais rigorosa do que a coloquial, uma linguagem científica, pura; a linguagem seria objeto da semiótica.[79]

Lenio Luiz Streck

No segundo se desenvolve o giro linguístico, princi-

---

crise: uma exploração hermenêutica da construção do direito. 4. ed. Porto Alegre: Livraria do Advogado, 2003, pp. 157-160.).

77 BLANCO, Carlos Nieto. "La consciencia linguística de la filosofía". Madrid: Trotta, 1997, In: STRECK, Lenio Luiz. *Op. Cit.*, p. 157.

78 A conceituação de neopositivismo lógico e suas implicações é baseada, como expõe Streck, em WARAT, Luis Alberto. *O direito e sua linguagem*. Porto Alegre: Sérgio Antônio Fabris Editores, 1995.

79 "Resumidamente, pode-se caracterizar a semiologia pela investigação dos sistemas de signos e a semiótica pela tentativa de construção de uma teoria geral da significação" (ROCHA, Leonel Severo. *Epistemologia jurídica e democracia*. 2. ed. São Leopoldo: UNISINOS, 2003, p. 9).

palmente com Wittgenstein e Heidegger apresentando diversas críticas à Filosofia da Consciência; Wittgenstein desenvolve a ideia da não existência de um "mundo em si", independente da linguagem; existiria somente o mundo da linguagem e as entidades se manifestando pela linguagem compreendida — "eu sou" enquanto "me é impresso" e o quanto "expresso", mas toda pressão se dá pela linguagem. Como aponta Streck:

Martin Heidegger

> A linguagem deixa de ser um instrumento de comunicação e passa a ser *condição de possibilidade* para a própria constituição do conhecimento. Cai por terra, assim, a teoria objetivista (instrumentalista, designativa). Não há essências. Não há relação entre nomes e as coisas. Não há qualquer essência comum entre as coisas e o mundo. Abandona-se o ideal da exatidão da linguagem, porque a linguagem é indeterminada.[80]

Com esse raciocínio a linguagem deixa de ser um instrumento de comunicação de conhecimento e passa a ser o vetor constituinte do conhecimento. Questiona-se a existência de qualquer essência, ou mesmo a relação entre os nomes e as coisas, pois o conhecimento se dá pela linguagem, a qualidade não é mais inerente ao próprio objeto.[81] Abandona-se a

---

80 STRECK, Lenio Luiz. *Op. Cit.*, p. 160.
81 Ou seja, quebra-se a noção helênica de um plano ideal e outro real,

ideia de uma linguagem exata. O ideal de exatidão se torna um mito filosófico, pois é impossível determinar a significação das palavras sem considerar o contexto momentâneo em que são utilizadas. A linguagem, explica Oliveira, é sempre ambígua, pois suas expressões não possuem uma significação definitiva (em si). Querer buscar a exatidão seria como cair em uma ilusão metafísica.[82]

Para Wittgenstein, as expressões linguísticas têm sentido somente porque há hábitos determinados, intersubjetivamente válidos, estabelecidos para manejá-las. Usar a linguagem é ser capaz de se inserir no processo de interação social-simbólica de acordo com os diferentes modos de sua realização:

> Essa capacitação é algo historicamente adquirido, isto porque Wittgenstein não separa a linguagem da práxis social. No jogo da linguagem [verifique-se também, das ciências e do conhecimento], o homem age, mas não simplesmente como indivíduo isolado de acordo com seu próprio arbítrio, e sim de acordo com regras e normas que ele, juntamente com outros indivíduos, estabeleceu.[83]

Finalizando, o terceiro flanco ocorre quando Witt-

---

onde os objetos trazem dentro de si a sua essência prática, ou cognitiva. O exemplo mais comum utilizado é o de uma mesa, que por mais que mantenha seus variados detalhes, no plano ideal estaria sempre numa categoria de mesa e teria, assim, sua utilidade implicada, de onde o sujeito vivenciador, mesmo que não conhecesse sua função a poderia "descobrir" através de um esforço meditativo ("debruçando-se sobre si mesmo"): aquilo era uma mesa e tinha determinada função (como será visto, o mesmo ocorre na jurisdição, onde o Juiz, debruçando-se sobre a norma, descobre seu espírito — a *mens leges* dada pelo legislador, para assim aplicá-la com toda a segurança que sua psique necessita).
82 OLIVEIRA, Manfredo Araújo de. *Reviravolta linguístico-pragmática na filosofia contemporânea*. São Paulo: Loyola, 1996, p. 126.
83 OLIVEIRA, Manfredo Araújo de. *Op. Cit.*, p. 139.

genstein e Austin desenvolvem a Filosofia da Linguagem Ordinária, com foco na dimensão pragmática do discurso. O sentido das ações coletivas, intersubjetivas, é a mescla de atos linguísticos e das práticas do momento em que se realizam as inter-relações; a linguagem se torna o instrumento pelo qual os sujeitos exprimem a sua realidade. A Filosofia da Linguagem Ordinária enfatiza a pragmática na tríade linguística — sintaxe, semântica e pragmática — que vem também a constituir o enfoque primordial e maior contribuição para o desenvolvimento da Teoria da Ação Comunicativa (Habermas).

Blanco sintetiza as premissas desse giro pragmático ocorrido na Filosofia da Linguagem: o conhecimento se forma na linguagem, pois qualquer discurso científico possui em comum com outros a sua linguisticidade; o mundo acaba por existir na linguagem, como compreensão pessoal de cada intérprete; há um compromisso ontológico preso em toda linguagem, pela semantização do mesmo; este mundo que encontramos na linguagem nos afasta dos perigos de uma Filosofia da Consciência, impossível no interior de nossa mundanização linguística; o sujeito surge, aparece e ocorre na linguagem — ser comunicante, enuncia e compreende a linguagem do outro; na práxis da linguagem ocorre o conteúdo simbólico das palavras, compreendida de determinada maneira por sua comunidade; cada grupo social expressa uma linguagem de compreensão do cosmo de acordo com determinados sons e gestos, mas o conteúdo destes é preenchido de sentido no momento utilizado.[84]

A Hermenêutica é, desta forma, a "(...) incômoda verdade que se assenta entre duas cadeiras, quer dizer, não é nem uma verdade empírica, nem uma verdade absoluta — é uma verdade que se estabelece dentro das conduções humanas do

---

84 BLANCO, Carlos Nieto. *Op. Cit.,* p. 271.

discurso e da linguagem".[85] Em uma Hermenêutica Filosófica, a "verdade", o sentido das expressões, dá-se na práxis, quando é utilizada.[86]

A reviravolta linguística no pensamento filosófico ocidental do século XX afirma ser impossível filosofar sobre algo sem filosofar sobre a linguagem, pois esta é o momento necessário para constituir qualquer saber humano. Para se formular os conhecimentos intersubjetivamente válidos, exige-se a reflexão sobre sua infraestrutura linguística, torna-se inexorável a mediação linguística. A hermenêutica e a pragmática têm um papel fundamental.[87]

Com fulcro na Filosofia da Linguagem Ordinária e no desempenho da Hermenêutica Filosófica, a noção existente, desde muito tempo, das inter-relações sujeito-objeto resta reformulada numa inter-relação de sujeito-sujeito. A ontologia ordinária, analítica existencial, acaba, com a Filosofia da Linguagem, por ser considerada limitada; e se decreta a falência do pensamento subjetivo-reducionista, instaurador da condição de ser-no-mundo do sujeito. Na ontologia fundamental, fracassa o sujeito — arbitrário, *de-nomi-nador* dos objetos —, aquele colocado como fundamento do mundo. Parafraseando Streck, essa mudança de paradigma provocará ranhuras e espanto, principalmente no seio da comunidade dos juristas, pois para o jurista tradicional, preso ao senso comum teórico

---

85 Lembre-se o dizer de Morin: "O conhecimento não é um espelho das coisas ou do mundo externo. Todas as percepções são, ao mesmo tempo, traduções e reconstruções cerebrais com base em estímulos ou sinais captados e codificados pelos sentidos. (...) Este conhecimento, ao mesmo tempo tradução e reconstruções, comporta a interpretação, o que introduz o risco de erro na subjetividade do conhecedor, de sua visão do mundo e de seus princípios de conhecimento." (MORIN, Edgar. *Os sete saberes necessários à educação do futuro.* Trad. de Catarina Eleonora F. da Silva e Jeanne Sawaya. 6. ed. São Paulo: Cortez, 2002, p. 20.)
86 STEIN, Ernildo. *Aproximações sobre hermenêutica.* Porto Alegre: Edipucrs, 1996, p. 38.
87 OLIVEIRA, Manfredo Araújo de. *Op. Cit.,* p. 13.

e inserido no paradigma epistemológico da Filosofia da Consciência, é a subjetividade do sujeito que funda os objetos no mundo: "Sempre acreditou (e continua acreditando) que é a sua descrição, é dizer, sua atividade subjetiva, que faz com que o mundo ou as coisas sejam como são."[88]

O espanto e as ranhuras aparecem!

2.2.3.1 A ruptura do Direito moderno em face de uma "Nova Critica do Direito", após a viragem linguística e a Hermenêutica Filosófica

Quando a viragem linguística e a Hermenêutica Filosófica refutam a Filosofia da Consciência jurídica, a interpretação tradicional do Direito se vê em rumos de mudança. Não é mais aceita a significação primeira, ideal — como indicado por Platão —, estendida até a contemporaneidade, nem mesmo nos preceitos puramente kantianos, onde o significante primeiro garante conceitos com um único significado.[89]

Para um rompimento efetivo com essa tradição jurídico-dogmática transcendente é necessário estar atento, nos termos teorizados por Laszlo, para os momentos de erupção das macrotransições; e crer em uma essência verdadeira *em si* do Direito, à espera de ser captada em sua totalidade pelo sujeito do conhecimento, mediante um trabalho estritamente racional da índole dedutiva, como normas do Direito racional-reducionista:

> (...) as chamadas leis da natureza seriam apreendidas como autênticos corolários a que se acederia pelo raciocínio a partir de princípios autoevidentes estabelecidos *a priori*; seja captando essa essência na dinâmica da vida social, atra-

---

88 STRECK, Lenio Luiz. *Op. Cit.*, p. 170.
89 Cf. Tugendhat, *apud* STEIN, Ernildo. *Racionalidade e existência*. Porto Alegre: L&PM Editores, 1988, p. 39.

vés da investigação sociológica do fenômeno jurídico, seja buscando-a na exegese dos textos legais — crer nisso não deixa de ser confortável.[90]

Com a força da Filosofia da Linguagem, surge a "Nova Crítica do Direito",[91] que, analogamente à "Teoria Crítica do Direito", demonstra algumas (in)consequências jurídico--sociais geradas pelos paradigmas modernos, principalmente os epistemológicos, fundados na Filosofia da Consciência. Essa Nova Crítica, aponta Streck, utiliza-se da hermenêutica jurídica diferenciada, a Hermenêutica Filosófica — a norma em si só encontra valor normativo na mente de cada hermeneuta, pois depende da pré-compreensão do intérprete: "Por isso a compreensão necessariamente será um existencial. O intérprete não se pergunta por que compreende, porque, ao compreender, já compreendeu." Pois bem, aqui reside a importância da comunidade, local de inserção do humano como ser-no-mundo e ser-com-os-outros. "Impossível negar a fatibilidade. Ao tentar negá-la, esta já atuou no modo de compreender-interpretar o mundo."[92]

A dogmaticidade irreflexiva da ciência jurídica não encontra mais respaldo, nem o valor dado às normas visando orientar seus operadores, pois estes nunca serão realmente operadores, mas coautores da norma. A norma representa a linguagem, compreendida na sintaxe, semântica e pragmática; os signos terão em cada intérprete um caráter subjetivo dife-

---

90 MARQUES NETO. Agostinho Ramalho. "Subsídios para pensar a possibilidade de articular direito e psicanálise". In: MARQUES FILHO, Agostinho Ramalho *et al. Direito e neoliberalismo: elementos para uma leitura interdisciplinar.* Curitiba: Edibej, 1996, p. 28.
91 Nos moldes que Streck apresenta em suas obras "*Hermenêutica jurídica e(m) crise: uma exploração hermenêutica da construção do direito*" e "*Jurisdição constitucional e hermenêutica: uma nova crítica do direito*. Porto Alegre: Livraria do Advogado, 2002."
92 STRECK, Lenio Luiz. *Hermenêutica jurídica e(m) crise: uma exploração hermenêutica da construção do direito*, p. 215.

renciado, representando desejos não conhecidos pelo interpretante — por exemplo, juízes, promotores e advogados —, que será influenciado em todo momento processual formal ou fora dele.

A neutralidade é um mero sonho, que exige uma castidade de ideologias na qual acredita a maioria dos míticos juízes & companhia.[93] Desta forma, uma sentença judicial neutra torna-se um ato pessoal, ou grupal, de cada julgador — e dos "patriarcas do saber". O mito da neutralidade serve de base para diversas construções dogmático-jurídicas, principalmente para a magistratura; mas só pode existir no imaginário, e sem respaldo, pois no cotidiano cada indivíduo transita em um constante e desconhecido complexo psíquico. Negar uma ideologia ao sujeito-juiz o força a desenvolver uma contraideologia pessoal que, ao fim, não passa de mais uma ideologia.

Ora, não há um sentido oculto na norma/ texto, possível de ser alcançado em seu conteúdo essencial; tampouco há um sentido imanente, inerente, análogo a um elo fundado/ fundante, a conectar o significante ao significado e que possa ser encontrado pelo sujeito cognoscente.

O que ocorre é que, desde sempre, o "sujeito interpretante" está inserido no mundo,[94] em um mundo linguisticamen-

---

93 Ora, um juiz como participante de um círculo científico, como já ressaltou Japiassu, quer queira ou não, tem um engajamento pessoal com algum tipo de valoração, pois sendo um produto humano "(...) a ciência participa das vicissitudes da ação social. Não há ciência absolutamente isenta de valoração e de ideologia". (JAPIASSU, Hilton. *O mito da neutralidade científica*. Rio de Janeiro: Imago, 1981, p. 61.
94 À frente de seu tempo, Laing já dizia que "(...) mesmo nossa experiência comum do dia-a-dia encurta continuamente nossas distinções entre possível/ impossível, real/ irreal, interno/ externo, aqui/ lá, agora/ então, sujeito/ objeto, ilusão/ realidade. Não poucas vezes temos de aceitar que o que não pode ser, *tem que ser*, simplesmente porque é. Todos nos encontramos num mundo que inclui dentro de si nossa avaliação dele, o que indica, o que exprime e o que consideramos ser sua procedência. Elaboramos e interpretamos o que somos à luz da luz ou à luz da escuridão em que nos encontramos e da qual nunca

te constituído, impossibilitando a emergência de um *cogito* desindexado da tradição. Somente compreendendo é que se pode interpretar. [95]

Toda e qualquer produção simbólica necessita da interpretação; não existe produção de sentido sem um trabalho de interpretação: "*La interpret-ación es siempre forzosa dado el carácter incompleto de todos los sentidos, de cualquier proceso simbólico, teniendo presente la condición de cualquier sentido de no se cerrar nunca, de no poder, en ninguna circunstancia, realizar su plenitud*".[96]

No Poder Judiciário são interpretados discursos, textos, peças escritas e interpretações a partir da ficção de um "texto original", disfarçando o poder soberano dos juízes, produtores dos sentidos deônticos. Explica Warat que "são interpretações que também se baseiam na memória significativa da instituição judiciária e na memória inscrita no sentido comum teórico dos juristas. O juiz é interpretado pela memória quando crê que a está interpretando". Com certeza, isso não limita seu poder; ele é autônomo, pois se vincula à memória, mas é, por fim, alienado. Apresenta-se uma "estranha" contradição: "(...) no poder judiciário se repudia o intérprete e se valoriza a interpretação. Uma obscenidade reveladora: a ordem simbólica interpretativa do poder judiciário é a forma necessária do

---

podemos ficar fora. Todos os nossos mundos nos incluem. O mundo em que vivo me inclui nele, e inclui também o sentido ou a falta de sentido que ele tem para mim ou eu para ele" (LAING, Ronald David. *A voz da experiência: experiência, ciência e psiquiatria*, p. 73.).

95 STRECK, Lenio Luiz. *Hermenêutica jurídica e(m) crise: uma exploração hermenêutica da construção do direito*, pp. 225-226.

96 WARAT, Luis Alberto. "Pálpitos epistemológicos para el siglo XXI (segunda vuelta)". In: *Revista momento certo kairós*. Tubarão, v. 0, p. 27. 2001. Tradução livre: "A 'interpret-ação' é sempre forçada, dado o caráter incompleto de todos os sentidos, de qualquer processo simbólico, estando presente a condição de que qualquer sentido de nunca se fechar, de não poder, em nenhuma circunstância, realizar sua plenitude."

impossível e soberano".[97] Enveredar pela complexidade, instaurada e necessária, é compreender o Direito como uma prática humana expressa num discurso (impositivo ou reflexivo). Mais que palavras, são também comportamentos, símbolos, conhecimentos, expressados na/ e através da linguagem. "É o que a lei manda, mas também o que os juízes interpretam, os advogados argumentam, as partes declaram, os teóricos produzem, os legisladores sancionam e os doutrinadores criticam. É, enfim, um discurso constitutivo, uma vez que designa/ atribui significados a fatos e palavras."[98]

2.2.3.2 O paradigma dos "monastérios do saber"

Torna-se relevante neste momento explorar o caminho de desconstrução, pela Nova Crítica do Direito, de um paradigma que permeia o "universo da ciência". Torna-se evidente que o Direito é complexo e sofisticado, pois os textos jurídicos não apresentam, em si, um sentido intrínseco: "alguém" dita seu sentido, cria a crença dos operários jurídicos. Daí os insistentes comentários filosóficos sobre os "monastérios do saber",[99] locais onde se originam os "conhecimentos autorizados" para os discípulos e escravos, enviados pelos "patriarcas do saber".[100]

A produção do pensamento e da verdade jurídica através do exercício autoritário, articulada com a produção e difu-

---

97 WARAT, Luis Alberto. "Ecologia, psicanálise e mediação". Trad. de Julieta Rodrigues. In: WARAT, Luis Alberto (Org). *Em nome do acordo: a mediação no direito*. 2. ed. Argentina: ALMED. 1998, p. 33.
98 CÁRCOVA, Carlos Maria. *Teorias jurídicas alternativas: escritos sobre derecho y política*. Buenos Aires: América Latina, 1993, p. 25.
99 WARAT, Luís Alberto. *Introdução geral ao direito II: a epistemologia jurídica da modernidade*. Trad. de José Luis Bolzan. Porto Alegre: Sérgio Antônio Fabris Editores, 1995, pp. 67-68.
100 WARAT, Luís Alberto; PÊPE, Albano Marcos Bastos. *Filosofia do direito: uma introdução crítica*, p. 17.

são do poder, é também alvejada pela Teoria Crítica do Direito. Sua fala, escrita e mesmo sua transmissão (principalmente no meio universitário) implicam pertencer a uma instituição ao mesmo tempo linguística e política; os acadêmicos, no entanto, não parecem atentos a essa situação.[101]

Warat e Pêpe asseveram que *a universidade contemporânea converte e evangeliza*. Não há nela linguagem neutra e inocente; ela cristaliza sempre uma relação histórica de forças, através de mecanismos de ritualização, que, por sua vez, contribuem para a ocultação das técnicas de manipulação social. "O mosteiro de sábios sempre necessita de discípulos obedientes e silenciosos que reproduzam a voz do mestre".[102]

Essa produção da "fala autorizada"[103] exige por parte dos operadores jurídicos uma espécie de *cumplicidade linguística*, e somente "(...) é possível se e quando o público-alvo (comunidade jurídica) reconhece quem exerce a eficácia simbólica do discurso como podendo exercê-la de pleno direito". Nas "(...) práticas dos operadores jurídicos isso ocorre de forma difusa, através de uma (im)perceptível (e constante) produção de *standards* significativos, destinados ao consumo da comunidade jurídica":[104] É o consumo de ilusões jurídicas, como, por exemplo, segurança e democracia. Alerta Streck:

---

101 Idem, p. 18.
102 Ibidem.
103 Acerca da decisão (sentença), esta apresenta um grau motivacional ideológico mais complexo do que muitos imaginam, pois a "motivação" diz respeito a toda maneira como o juiz interpreta fatos e provas no processo, é uma relação do juiz, como pessoa humana, com os meios de prova vindo aos autos, e assim segue. A ideologia de que se fala não é de má-fé, mas é, antes, o conjunto de representações, saberes, diretrizes ou pautas de condutas. "Este complexo disperso, acumulado e pseudamente sistemático orienta, condiciona e governa os atos, decisões e atividades. (...) Está difundida nos preconceitos, costumes, religião, família, escola, tribunais (...). Não há malícia no agir, mas age-se de forma imperceptível, inconsciente, através de mecanismos de controles sociais, de forma a substituir na consciência a realidade concreta por uma 'realidade' representada" (PORTANOVA, Rui. *Motivações ideológicas da sentença*, pp. 15-17.).
104 STRECK, Lenio Luiz. *Op. Cit.*, pp. 229-230.

(...) a aparência da busca do "real" sentido do texto jurídico, mediante a utilização de artifícios do tipo a busca da *mens legis*, do espírito do legislador, da *ratio essendi* do Direito etc., e na crença da existência de um legislador racional, constroem-se, parafraseando Umberto Eco, "simulacros de enunciações", que nada mais são do que o resultado de uma rede de ficções que se põe a serviço de efeitos de verdade, no interior da qual não está em questão a validade do enunciado, mas a verdade da enunciação no que diz respeito a sua cota de verossimilhança.[105]

Após compreendidas algumas falácias e mecanismos do Direito, discorreremos adiante acerca de (in)consequências do mundo jurídico no mundo da vida.

2.3 (In)consequências (des)humanas da paradigmática sociojurídica moderna

Da subjetividade à grande abstração, os preceitos da modernidade que separam sujeito e objeto conduziram a sociedade, forçosamente, a uma dissolução do indivíduo, à negação do "outro" nas inter-relações, gerando um individualismo desencarnado da existência, da presença do outro, para construir a identidade de cada um:

(...) um individualismo autista que formou a ideia de um sujeito autista de direito (...) baseada em um individualismo proprietário-possessivo-manipulador, que se esqueceu do

---

105 ECO, Umberto. *A obra aberta: forma e indeterminação nas poéticas contemporâneas*. Trad. de Giovanni Cutolo. São Paulo: Perspectiva, 1981, p. 181.

outro, que perdeu algo que se constrói com o outro pela presença do outro na experiência.[106]

Desenvolveu-se, com essa matriz subjetiva e abstrata e com preceitos de competitividade e egoísmo, a sociedade de adoração ao "eu" a todo custo, à custa do outro: um narcisismo velado (mas nem tanto) — uma sociedade de barbáries interiorizadas, conjugando estranhas contradições, sociedade geradora, ao mesmo tempo, de conforto e miséria, excesso de comida e fome, lixo não degradável e fantasias ecológicas, violências institucionalizadas e defesa institucional dos Direitos Humanos, globalização de exclusões sociais e ampliação do significado de cidadania, tudo sem solução nem mesmo continuidade.

As instituições e redes de poder-saber da modernidade (os portadores da palavra autorizada, científica) definiram os modelos de integração com o outro, "(...) definiram como era o outro, o que faltava no outro, de que necessitava para se integrar à modernidade e a seus modelos de relações". Nesse sentido, o outro é absorvido por um modelo de identidade, "no fundo, uma identidade que é reforçada e abalada na comparação [competição, dominação] com um outro sempre em falta, e que necessita de modelos ou que não tem algo de nossos modelos"[107] — um universo de modelos e fôrmas onde a superioridade aflora sempre que o outro é tachado.

Na marcha histórica, em busca do ideal da segurança jurídica (ou a comodidade e o conforto psicojurídicos), tentou-se criar uma "máquina jurídica" que não gerasse problemas, eterna, uma "Máquina Autônoma de Direito" (M.A.D.?), análoga, metaforicamente, a uma máquina automática de lavar roupas. Grande fantasia: os usuários podem lá jogar as

---

106 WARAT, Luís Alberto. *O ofício do mediador*. Florianópolis: Habitus, 2001. V.1, p. 160.
107 Idem, p. 160.

"imundices sociais" e deixar que a engenhoca faça o trabalho — nessa máquina é o juiz que lava a roupa suja. Para esse legado da ciência jurídica criou-se a demanda de operadores (da máquina de lavar), hiperespecializados, onde a cada um, por seu papel, cabe melhor conhecer a área de trabalho (jusmecânicos). A "Máquina Autônoma do Direito" segue um caminho de simplificação e redução; descendo a minúcias abstratas e subjetivas até o ponto de não mais conseguir retornar ao ponto inicial (o sujeito), perde a noção do todo, mas, se necessário, utiliza seu *senso comum teórico* para os casos difíceis.

Em seu afã racionalista, a modernidade conseguiu reconhecer aspectos de cidadania e mesmo dos Direitos Humanos, mas somente no céu de suas abstrações, tudo não passando de esforços para fundamentar mitos. A cidadania, muitas vezes, acaba ficando reduzida a entes que participam indiretamente na produção das decisões de um suposto Estado Democrático de Direito, delegando a este a missão de decidir até mesmo seus próprios conflitos, porque o cidadão "(...) foi forçado a crer que era melhor que o Estado, que ele ajudava indiretamente, fosse o que tomasse medidas coercitivas sobre suas próprias situações de insatisfação".[108]

A contemporaneidade está metida em um universo de crenças que colocaram a experiência da cidadania e dos Direitos Humanos em um "(...) beco sem saída de abstrações filosóficas, com o desperdício, malicioso, de práticas que se perderam entre promessas que nunca podiam ser cumpridas (as promessas do Direito são como as de amor, se faz, mesmo quando se sabe que não se pode cumprir o prometido)".[109]

Daí, explica Albornoz, a convicção básica, imposta sob a violência legal (do Estado), de que há uma "violência boa" das forças da Ordem (do ordenamento vigente), sendo a

---

108 Ibidem, p. 161.
109 Ibidem, p. 163.

violência má a da subversão e insurreição (dos questionadores dessa mesma Ordem). "Sob esta convicção se encontra outra, de que a natureza humana é originalmente violenta, portanto, cabe conquistar a ordem e a possibilidade de convivência pacífica pelo potencial de violência do Estado".[110] Assim, o ideal centralizador e patriarcal do Estado trouxe consequências: a figura de um cidadão sem qualidades existenciais, iludido por méritos e promessas abstratas e submetido a um universo de simulacros, falando de direitos iguais, mas negando a possibilidade de introduzir o novo na temporalidade, roubando a possibilidade de participar e interagir com o outro.

Existe uma espécie de cidadão sem cidadania, dependente do Estado que deve assegurar seus direitos de liberdade e não o direito de desenvolver a capacidade de decidir os próprios conflitos, pois esta última liberdade foi cedida ao Estado,[111] um cidadão que só consegue ocupar seu lugar exercendo o poder político da cidadania, simplesmente, no cínico exercício do direito de votar.

Por consequência de tais reduções e mitificações, o ser humano já não encontra abrigo para suas expectativas íntimas nem mesmo na própria máquina judiciária que deveria resolver seus problemas, pois nem os que nela operam têm o alcance que deles se espera. Rosa expressa essa impotência:

> (...) os conflitos, as pessoas (Paulo, Maria, João), os verdadeiros atores da vida, são esquecidos, em nome de autor/réu, prazos, preclusões. Os protagonistas (advogados, promotores e juízes) contentam-se com a resolução na forma da lei sem qualquer ponte para o futuro: quais as consequências da decisão? Resolveu o conflito? Sempre me indago que tipo

---

110 ALBORNOZ, Suzana. *Violência ou não-violência: um estudo em torno de Ernst Bloch*. Santa Cruz do Sul: Edunisc, 2000, p. 165.
111 WARAT, Luís Alberto. *O ofício do mediador*, p. 167.

de função social acaba por ser manifestada com meu papel [de juiz]. Será que realmente as funções manifestas são as prometidas? As funções prometidas são maquiadas pelo litígio e resolvidas (!?) sem que as partes entendam absolutamente nada... às vezes nem eu.[112]

Dentro do processo (público ou não) de resolução de seus conflitos, o humano foi sacrificado (nada de 'sacro', obviamente) em nome da "eficácia pela eficácia". Infelizmente, a eficácia a qualquer preço é apenas uma caricatura da efetividade. A afetividade não tem valor de mercado: portanto, é injuriada, ignorada, esquecida e até desprezada. "Este desprezo da afetividade não é, afinal de contas, senão o desprezo pelo ser humano, transformado em objeto comercial. Quando ocorre a morte da afetividade, necessariamente ocorre a 'morte do homem'".[113]

Novamente, as instituições hegemônicas e as redes de poder-saber da modernidade — monastérios dos sábios e patriarcas do saber — são definidoras do outro — o indivíduo objeto das ações pessoais[114] — e do que este necessita para se integrar à modernidade e seus modelos de identidade. A imagem do outro é fabricada a partir de modelos institucionais idealizados, construída com a intenção de universalizar as divergências, distintas do modelo da modernidade, para enganá-lo com "modelos pedagógicos, assistenciais ou terapêuticos que têm como função fazer entrar os loucos no modelo de nossa razão, os filhos em nossa simulada maturidade, os sel-

---

112 ROSA, Alexandre Morais da. Prefácio a WARAT, Luís Alberto. *Op. Cit.*
113 NICOLESCU, Basarab. *O manifesto da transdisciplinaridade,* p. 94.
114 "A nossa tendência natural, como seres humanos, é a de assimilar os outros segundo a nossa realidade. Usamos nossos próprios parâmetros para entender ou não as condutas dos outros, seus pensamentos e reclamações. Assim julgamos, damos soluções e aconselhamos sem sair de nossa realidade." (VEZZULLA, Juan Carlos. *Mediação: guia para usuários e profissionais.* Balneário Camboriú: IMAB, 2001, p. 71)

vagens em nossa cultura, os estrangeiros em nosso país, os criminosos em nosso Direito, os deficientes no modelo de nossa normalidade e os marginalizados no modelo de integração".[115]

É esse o resultado da cátedra filosófica da modernidade de dominação (étnica e cultural) do outro, o assassinato da diferença somente por ser diferente, a ridicularização e o escárnio do estranho. No Direito e na Política, ainda mais desconcertantes são os mecanismos para "levar a cabo" os ideais promovidos nos "monastérios" (justiça e paz social). Em o "Complexo de Nicolas Marshall",[116] por exemplo, Rosa aponta que a ineficiência dos mecanismos de controle existentes juridicamente, principalmente em decorrência do modelo repressor adotado no Direito, reprodutor de injustiça social, proporciona o surgimento de alguns juízes (e se pode adicionar aqui promotores de justiça) que afirmam saber "o que é melhor para a sociedade". Com esse discurso, "(...) buscam aplicar as penas pelas próprias mãos: surgem os Juizes Justiceiros, inspirados no herói Nicolas Marshall",[117] para, de forma (in)consciente, cumprir seu "legítimo papel jurisdicional", utilizando os espaços discricionários legais para aplicar suas "bondades".

Na mesma esfera, as atuais teorias "das janelas quebradas" e "tolerância zero" são criticadas por Coutinho e

115 WARAT, Luís Alberto. *O ofício do mediador*, p. 198.
116 ROSA. Alexandre Morais da. "O complexo de Nicolas Marshall". In: *Paraná on-line*. Acesso em: 25 jun. 2003.
117 "Talvez muitos não se recordem do juiz Nicolas Marshall. (...) foi exibido um seriado de TV no qual (Nicolas Marshall) era um respeitável e honrado juiz durante o dia, cumprindo as leis em vigor, os prazos processuais, os direitos dos acusados e, no entanto, no período da noite, longe do tribunal, com roupas populares, cabelos soltos — já que os tinha compridos —, decidia 'fazer justiça'. (...) Pretendendo o bem da sociedade e, antes das vítimas — evidente —, procurava por todas as formas aniquilar, matar e 'resolver' os casos criminais (leia-se 'criminosos') que conhecia, ao arrepio da Lei, claro." (ROSA. Alexandre Morais da. "O complexo de Nicolas Marshall". *Paraná on-line*.)

Carvalho,[118] ficando registrada na contemporaneidade a marca do descontrole. Busca-se o etiquetamento (*labeling approach*) de indivíduos marginalizados, comparados a coisas, ou melhor, bestas, tentando encontrar para eles uma "solução". Criam-se lógicas abstratas de causa-e-efeito, instigando a população a imaginar que um simples "pedinte de rua" (um ser humano etiquetado), tolerado em determinado momento, é potencialmente um assassino (por força de sua condição social) — um circo, para controlar o frenesi da violência social e a insolubilidade das diferenças, que somente obtém mais violência, agora institucionalizada.

Entra o "Grande Irmão" com políticas de controle baseadas na "tolerância zero", em moldes criticados por Foucault: "A mínima desobediência é castigada e o melhor meio de evitar delitos graves é punir muito severamente as mais leves faltas (...)".[119] Essa concepção, lembrando a barbárie, se manterá enquanto houver pretensão de totalidade (universalidade), consubstanciada com o escopo de prever todas as possibilidades do mundo da vida. A completude resta prejudicada, hoje, por diversos fatores, "(...) dentre os quais a complexidade atual, inserida nesta última o aspecto temporal das normas jurídicas, a viragem linguística e filosófica da hermenêutica jurídica contemporânea e, por último, a ausência de técnica legislativa".[120]

Diante desses aspectos, reflexos de observações do passado, pouco resta a fazer, a não ser mudar os rumos e trilhar os novos caminhos apresentados. Diz Warat: "(...) o passado atuante no presente paralisa. O passado não tem salva-

---

118 COUTINHO, Jacinto Nelson de Miranda; CARVALHO, Edward Rocha de. "Teoria da janela quebrada: e se a pedra vem de dentro?". In: *Revista de Estudos Criminais*. Ano 3, nº 3, 2011, p. 23. Disponível em: http://www.itecrs.org/revista/11.pdf . Acesso em: 02 de ago. 2003.
119 FOUCAULT, Michel. *Vigiar e punir: nascimento da prisão*. Trad. de Raquel Ramalhete. 25. ed. Petrópolis: Vozes, 2002, p. 243.
120 ROSA, Alexandre Morais da. *Garantismo jurídico e controle de constitucionalidade material*. Florianópolis: Habitus, 2002, p. 69.

ção, o tempo é o seu juízo final. Só podemos reparar o passado tratando de não revivê-lo no presente".[121] Conforme Streck, "(...) essa (nova) hermenêutica, rompendo com a ideia da subsunção da autonomia do texto, deve ser vista não como um emaranhado sofisticado de palavras (...)", mas, ao contrário, "(...) como uma ferramenta metateórica e transmetodológica [transdisciplinar] a ser aplicada no processo de desconstrução do universo conceitual e procedimental do edifício jurídico, nascido no paradigma metafísico que impediu (e continua impedindo, ao abrigo do paradigma epistemológico da filosofia da consciência) de submetê-lo às mudanças que, há muito tempo, novas posições teóricas — não mais metafísicas — nos põem à disposição".[122]

Ainda com Streck, a Hermenêutica — similar ao Direito e todas as demais disciplinas — é experiência, é vida. E o grande desafio, então, qual é? Aplicá-la coerentemente no mundo da vida![123]

2.4 Trânsitos contemporâneos no direito

Os aspectos de transição observados no conjunto epistêmico jurídico atual possuem características pragmáticas, configurando a aceitação de uma pluralidade de razões e questionando os preceitos baseados na busca da segurança jurídica inabalável — recuperando a crença na sociedade civil como sociedade humana emancipada e na "(...) apreensão das relações jurídicas na complexidade das lógicas bruscamente estilhaçadas."[124]

121 WARAT. Luis Alberto. *Por quem cantam as sereias*. Porto Alegre: Síntese, 2000, p. 177.
122 STRECK, Lenio Luiz. *Hermenêutica jurídica e(m) crise: uma exploração hermenêutica da construção do direito*, p. 281.
123 Idem.
124 ARNAUD, André-Jean. *O direito entre modernidade e globalização: lições de filosofia do direito e do estado*, p. 202.

É interessante notar que o Paradigma da Modernidade é questionado, mas não todos os seus frutos, o que torna as coisas mais sutis e complexas. Não cabe nos atermos a uma inversão dos conceitos fundamentais dos modernos para definir uma abordagem pós-moderna, ou mesmo um holismo extremista, uma visão do todo somente. Cabe, antes, concretizar a superação do Paradigma da Modernidade, a fim de "não jogar fora o bebê com a água do banho".

Nessa dinâmica o pragmatismo jurídico busca uma regulação, menos sobre conceitos do que sobre práticas sociais, e com auxílio de políticas conjunturais. Aparecendo na práxis, o "descentramento do sujeito" não significa o desaparecimento do ser humano como preocupação do Direito, mas sim a reabilitação da noção de Direito como "relação justa entre as coisas", entre as pessoas, recuperando o antigo "jus",[125] tomando em consideração não somente os direitos subjetivos do sujeito, mas também suas inter-relações com o meio ambiente, o mundo da vida do ser humano.[126]

Na pragmática jurídica são reconhecidos diversos relativismos, o que a distingue da pretensão universalista do direito moderno. O relativismo é, principalmente, cultural. Arnaud afirma que a experiência nos grandes encontros e conferências internacionais, acerca da "proteção das minorias", da "igualdade das mulheres", do "meio ambiente" etc. demonstra que "somente ocorre unanimidade em torno de declarações mínimas, frequentemente vagas e onde as diversas culturas (éticas, religiosas...) se reservam sempre um direito de exceção". A legislação para o globo, mesmo em termos de

---

125 Até o final da Idade Média, a palavra latina "jus", tradicionalmente traduzida como "direito", na realidade significava "uma justa relação entre as coisas"; desta forma, o problema consistia em saber qual a relação justa para cada caso de litígio, significando, assim, que tudo dependia daquilo que cada pretoria em questão, de acordo com o meio espacial, temporal, político, econômico, social, religioso etc., entendia por justiça (ARNAUD, André-Jean. *Op. Cit.*, p. 44.).
126 Idem, p. 209.

democracia e direitos humanos, se tornou uma aposta cuja história se liga a uma cultura que foi, além do mais, a de colonizadores inveterados.[127]

O paradigma relativista aceita a influência temporal do direito e das inter-relações humanas: a filosofia moderna ocidental dissolvia o tempo num perpétuo presente, sem passado nem futuro, visto que os princípios inscritos no coração do indivíduo são eternos. Superando essa abstração, compreende-se que as civilizações são mortais, assim como seus paradigmas (cosmovisões). Assim, as condições para encontrar o "jus" dependerão das condições da sociedade relativas ao momento da ocorrência das inter-relações, sujeitando-se às variáveis do caso (tempo-espaço).

Transitamos no sentido de dissolver, em grande parte, a mentalidade codificante da modernidade, o conceito de axiomatização. A ciência jurídica traz a ilusão de ser um sólido pilar no qual a sociedade pode se apoiar, "(...) a *segurança* jurídica, que cabe aos juristas concretizar nas regras vocacionadas para a perpetuidade e em toda uma gama de normas de procedimento e de formalidades minuciosas".[128] Dessa maneira, o formalista, literalmente um operário jurídico, é a garantia indissociável da Ordem Jurídica, que só pode pertencer à esfera de um legalismo estatal.

Não é de surpreender que nas universidades nacionais existam acadêmicos cantando a seus parceiros que desejam atuar em áreas mortas do Direito, como a trabalhista nacional, por exemplo, em decorrência de sua pouca mutabilidade, ou seja, por sua comodidade futura e pouca necessidade de reciclagem teórica.

Outra premissa jurídica e política nos passos de transição é a "monocentricidade" que decorre do preceito univer-

127 Ibidem, p. 210.
128 Ibidem, p. 216.

salista, postulado pela teoria positivista legalista segundo a qual a única emanação legítima é a decorrente do Estado soberano. Em contraponto ao monocentrismo, se desenvolve o policentrismo, no qual a "sociedade civil contesta ao Estado a sua capacidade de tudo poder dirigir e tudo controlar", voltando cada vez mais os sentidos às instâncias locais de resolução de conflitos e planejamento social enquanto invoca "o respeito às identidades [ao outro] inclusive na aplicação dos princípios reconhecidos como os mais universais".[129] Trata-se, em geral, de soluções alternativas ou informais para os conflitos, que revelam o aparecimento e o desenvolvimento de uma regulação jurídica à margem e, por vezes, contrária ao Direito oficial do Estado.

Forma-se, nesse aspecto, o pluralismo jurídico: questionadas a monocentricidade e a uniformidade institucionalizada, a contemporaneidade cria "um pluralismo oriundo da fragmentação das soberanias, mais um pluralismo tanto dos modos de regulação como das fontes desta regulação", que dá espaço a regulações alternativas não estatais quando reconhece o informal ao lado do formal.[130] Acerca do pluralismo, Wolkmer[131] o apresenta como um novo referencial da dimensão política e jurídica, que tanto se compromete com a atuação de novos sujeitos coletivos (legitimadores dos atores) como com a satisfação das necessidades humanas essenciais ("fundamentos materiais") e também com o processo político-democrático de descentralização, participação e controle

129 Ibidem, pp. 211-212.
130 Deste questionamento acerca do poder soberano estatal se pode verificar, entre outros fatores, o grande desenvolvimento do poder da ordem internacional sobre as nações, tema não discutido neste estudo, mas verificável, por exemplo, na obra de FERRAJOLI, Luigi. *A soberania no mundo moderno*. Trad. de Carlo Coccioli e Márcio Lauria Filho. São Paulo: Martins Fontes, 2002.
131 WOLKMER, Antônio Carlos. *Pluralismo jurídico: fundamentos de uma nova cultura no direito*. 2. ed. São Paulo: Alfa-Ômega, 1997. p. 208.

comunitário (estratégias). E afirma: "Acrescente ainda a inserção do pluralismo jurídico com certos 'fundamentos for-
mais' como a materialização de uma 'ética concreta da alteridade' e a construção de processos atinentes a uma 'realidade
emancipatória'".[132]

No pluralismo se verifica a fragilidade da representação piramidal do Direito como se fosse única, pois somente lançando mão das circularidades e da estrutura em redes
se torna possível dar conta de um sistema jurídico que não
se reduz ao direito do Estado — um primeiro contato com a
complexidade[133] que se sobrepõe ao paradigma reducionista
da simplicidade. É interessante observar que a complexidade
não se limita à passagem para uma etapa suplementar de *com-
plicação*. Tampouco se trata de um emaranhado de complica-
dores na quantidade de conhecimentos e suas interconexões:
uma análise dessa natureza levaria a uma nova expectativa de
simplificação. Trata-se, na verdade, de uma questão de dimen-
sionamento universal do sistema, ou seja, algo que remete à
noção de recursividade e emaranhados de inter-relações entre
vários níveis institucionais; quebrando dessa forma as questões disciplinares (mecanicistas), a quantidade de variantes no
universo passa a exceder um número com o qual seria possível
lidar: surge o conceito de *trans-relações* — que não podem ser
definidas literalmente, pois transbordam, ou melhor, transi-
tam por diversos campos, restando muitas vezes desacredita-
do o conceito de bordas, divisões.

---

132 Observando o extenso e completo trabalho do autor brasileiro
Wolkmer, Cárcova lembra que uma cultura jurídica (pluralista,
informal e descentralizada) se constrói, não a partir da razão
metafísica ou do sujeito como essência em si, mas de um *sujeito
histórico-em-relação*, de uma nova forma de ver o mundo dos valores:
parte-se de um espaço marcado não só pela exigência de direitos e
pela justa satisfação dos interesses desejados, mas, sobretudo, pela
superação dos conflitos de classes e grupos, pela erradicação das
formas de opressão, exploração, sofrimento e injustiça. (CÁRCOVA,
Carlos Mariá. *La opacidad del derecho*. Madrid: Trotta, 1998, p. 99.)
133 ARNAUD, André-Jean. *Op. Cit.*, p. 215.

Arnaud[134] recorda os relatos da quebra paradigmática ocorrida igualmente na física moderna em decorrência da elaboração da teoria da Física Quântica, onde o grau de complexidade, expresso nas mínimas partículas/ ondas *quanta*, levou os cientistas a reformular todo o seu pensamento teórico: os conceitos antigos não davam mais conta dos acontecimentos. Por seu turno, apresenta-se no macrocosmo das inter-relações complexas humanas/ globais a complexidade do microcosmo atômico/ quântico.

Impensáveis mudanças irão se sobrepor ao universo humano/ jurídico contemporâneo, conforme Horgan:

> É fácil compreender por que tantas pessoas não conseguem acreditar que a ciência, pura ou impura, possa estar terminando. Há apenas um século, ninguém podia imaginar o que o futuro nos reservava. Televisão? Jatos? Estações espaciais? Armas nucleares? Computadores? Engenharia genética? Deve ser tão impossível para nós prever o futuro da ciência — pura ou aplicada — quanto teria sido para Santo Tomás de Aquino prever Madonna e os fornos de micro-ondas. Assim como para nossos antepassados, há maravilhas completamente imprevisíveis à nossa espera. Só deixamos de conhecer esses tesouros se decidirmos que eles não existem e paramos de procurá-los. A profecia só pode ser autorrealizável.[135]

---

134 Idem, p. 218: "No final das contas, causas e consequências se encontram imbricadas de uma tal maneira que nos parece estar no limite da desordem, e é muito difícil de apreender face a um número colossal de dados contraditórios e de conexões emaranhadas."
135 HORGAN, John. *O fim da ciência: uma discussão sobre os limites do conhecimento científico.* Trad. de Rosaura Eichemberg. São Paulo: Companhia das Letras, 1998, p. 32.

2.5 (Pre)tensões para um devir jurídico transmoderno

Um turbilhão de novas teorias emerge nos mais diversos campos do conhecimento humano, e na Ciência Jurídica, também. Como decorrência, fluem as transições de pensamento. Apresenta-se o desafio da transmodernidade de uma matriz transdisciplinar que ultrapasse delineações estipuladas das disciplinas autônomas, "uma transmodernidade disposta a desconstruir um pensamento ocidental que se negou a aceitar a presença de diferenças, em nome de um absolutismo logocêntrico", e que, cultivada por palavras hegemônicas, aborte qualquer expressão de sentido e de construção de realidades que não se adapte à ordem do "poder imposto". "É somente a necessidade de desconstruir, para denunciar as escandalosas fendas irracionais e insensatas dos discursos considerados sérios"[136] — os mesmos discursos atacados pela Nova Crítica do Direito.

Pretende-se a formação de um humano transmoderno, concentrado em uma vida mais pragmática e menos dependente de esperanças e aspirações ilusórias, das metas e valores irrealizáveis da modernidade. Tal racionalidade refaz os caminhos da solidariedade, de recuperação da solidariedade perdida: "O homem transmoderno começa a ficar consciente de que algumas coisas de nossa existência não podem ser corrigidas por atos de legislação, receitas prescritas pela razão. (...) É um homem que precisa celebrar a alteridade e a diferença."[137]

Faz-se necessário um Direito não patriarcal, voltado a uma razão sentimental, permitindo a administração de conflitos por parte dos próprios envolvidos, que possibilite a estes

---

136 WARAT. Luis Alberto. *O ofício do mediador,* p. 188.
137 Idem, p. 190.

compreender sua posição — um Direito emancipador, deses-
cravisante, instigando seres humanos a se tornarem verdadeiros cidadãos, representando, primeiramente, a si; em seguida,
a identidade do outro; e, por fim, conhecendo a esfera pública,
pois se um dos dois primeiros for esquecido, o terceiro estará
arruinado.

2.5.1 Cidadania e Direitos Humanos na Transmodernidade

Iniciado o novo milênio, aponta no campo da cidadania um compromisso limitado com o fortalecimento de uma
democracia formal — uma cidadania fortalecida em seu projeto de servir a comportamen-
tos políticos estereotipados,
tornando mais robusta sua
participação formal na elei-
ção de governantes. Em con-
trapartida, ficava debilitada
a vinculação da cidadania à
democracia participativa e
social, a *democracia da outridade*.[138] Constata-se a existência de todo um universo
de relatos criando a noção
imaginária de que cidadania
se realizava através da lei,
exercida por meio de repre-
sentantes do Estado, "a mito-
mania da cidadania, que per-
mitia a todos mentir a si sobre sua condição cidadã e terminar
crendo, ingenuamente, que podiam se ver como cidadãos no

Luis Alberto Warat

---

138 Ibidem, p. 162.

perverso espelho mágico do Estado Moderno".[139]
Cidadania e Direitos Humanos são expressões de caráter semiológico: transpiram ambivalências aditivas da modernidade, e, em consequência disso, gerou-se um cidadão insatisfeito, alienado. No *hall* da macrotransição para a pretendida transmodernidade, o que conta é a fusão da cidadania e dos Direitos Fundamentais em experiências existenciais, desconsiderando-se as ilusões semiológicas e visando uma cidadania pragmática, comprometida com a experiência diária do outro, com os relacionamentos — a "coisa nossa", íntima, proibida, não só a coisa pública, "uma cidadania que compreenda mudanças no modo como concebemos e enfrentamos a vida, que não exista nem em um nem em outro enquanto cidadãos, que exista como um espaço entre um e outro, um entre-nós como espaço vincular vital".[140]

Nesse rumo, a concepção de solidariedade se redefine; pensa-se em vínculos concretos com o outro, algo similar a vizinhos que se buscam para solucionar problemas comuns, a ações comunitárias e ambientais, centros de autoajuda e de gestão de vizinhança, a formas variadas de voluntariado e reivindicações pontuais e coletivas:

> É a solidariedade como forma de realização da cidadania, transitando-se do ato de dar esmola, como resposta ao individualismo possessivo (uma forma de altruísmo hipócrita), aos atos de participação solidária (...) enfim, de uma modernidade de deveres absolutos ao início de um tempo de sentimentos autogestionados, reciprocamente gestionados no vínculo com o outro.[141]

---

139 Ibidem, p. 157.
140 Ibidem, p. 158-160.
141 Ibidem, p. 197.

Com tais aspectos, sim, pode-se expressar um ambiente sócio/ jurídico transmoderno. As metafísicas religiosas, as metalinguísticas jurídicas e tantos outros "ismos" e "anos" imperializantes (naturalismo, positivismo, tecnopositivismo etc.; lacaniano, freudiano, junguiano) se desfazem, para se transformarem em valores categóricos, desenvolvidos nas próprias inter-relações sujeito-sujeito, cada um como um indivíduo particular, mas, concomitantemente, preocupado com o outro.

2.5.2 Objetivos do Direito Transmoderno

Aduziu-se na Hermenêutica Filosófica e nos preceitos da viragem linguística que a verdade não está nos objetos, nem o conhecimento intrínseco nos fatos e atos,[142] questionando desta forma a facilidade de violentar o outro e castrar sua singularidade, pois todas essas "convenções" carregam vontades com um verniz de neutralidade.[143]

Ao se desenvolver a própria capacidade de pensamento abstrato num ritmo tão rápido, perdeu-se uma importante aptidão para ritualizar os conflitos sociais, ou seja, houve di-

---

142 Com certa obviedade, no Direito Penal, por exemplo, a noção de crime só vem a existir pela convenção social, depois de se estabelecer que um ato se torna crime, igualmente caminhando as provas, convenções validadas ou não validadas, como as teorias das ciências da modernidade — de um atomismo sem sentimento e "neutro", que muda(va) quando os "donos do poder" assim acha(va)m conveniente e que se quebram junto com todo o aparato epistemológico daquele tempo. Veja-se: FERRAJOLI, Luigi. *Direito e razão: teoria do garantismo penal.* Trad. de Ana Paula Zomer, Fauzi Hassan Choukr, Juarez Tavares e Luiz Flávio Gomes. São Paulo: Revista dos Tribunais, 2002; e BARATTA, Alessandro. *Criminologia crítica e crítica do direito penal.* Trad. de Juarez Cirino dos Santos. 2. ed. Rio de Janeiro: Freitas Bastos, 1999.

143 "E xistem muitos formatos/ Que só têm verniz e não têm invenção/ E tudo aquilo contra o que sempre lutam/ É exatamente tudo aquilo que eles são." Trecho da música de Renato Russo "Marcianos invadem a terra".

minuição do potencial de autogerir os conflitos naturais do ser humano. Como no "processo de criação de um mundo interior abstrato, parece que perdemos contato com as realidades da vida e passamos a ser as únicas criaturas que, com frequência, não são capazes de cooperar, e chegam a matar indivíduos da própria espécie", um matar também psíquico e emocional — assassinatos subjetivos que parecem causar mais danos, muitas vezes, que os físicos. Por fim, traz Capra:

> (...) essa mesma evolução [abstrata] da consciência deu-nos o potencial para vivermos pacificamente e em harmonia com o mundo natural no futuro. Nossa evolução continua a oferecer-nos liberdade de escolha. Podemos deliberadamente alterar nosso comportamento mudando nossas atitudes e nossos valores, a fim de readquirirmos a espiritualidade e a consciência ecológica que perdemos.[144]

Fritjof Capra

Pelo mesmo caminho, a noção jurídica da transmodernidade busca a autogestão da vida e dos conflitos pelos próprios interconectados: o objetivo do Direito não é alcançar a paz social, nem aplicar a lei, nem distribuir justiça; não é outro senão lograr a solidariedade nos conflitos. Por solidariedade, entenda-se a possibilidade de escapar às condições

144 CAPRA, Fritjof. *O ponto de mutação*, p. 293.

de alienação e propiciar o diálogo com o outro para gerar condições de produção e realização existencial da autonomia em ambos,[145] de recuperar a sustentabilidade do ser humano, tanto subjetiva quanto física e mesmo espiritual (mas não no sentido religioso fetichizado), uma sustentabilidade consciente das (inter)dependências (macro/ micro)cósmicas, que caminhe com as próprias pernas, que possa "falar de autonomia (...) como possibilidade de adquirir, na vida, um movimento próprio, sem submissões aos movimentos dos outros"[146] — um Direito tomando outro rumo, exercendo influência na autoadministração, um suporte nos tempos de tropeço.

Proposto por Warat, o método a se utilizar é a humanização, um processo solidário de supressão na condição humana da incoerência imposta na modernidade — "o desumano como tendência do homem a ser o contrário do que sua natureza como espécie gregária demanda". Os Direitos Humanos são, antes de mais nada, direitos do outro ser humano. Dito de outro modo, "são deveres do homem para com os outros homens; e também, sempre, meus direitos frente aos outros", ideia bastante distante da iminência ou de uma concessão da vontade de Deus.[147]

Nesse devir jurídico transmoderno, com noções transdisciplinares tanto da reviravolta quântica quanto da linguística, está implícita a ausência de uma consciência totalmente livre de preconceitos, embora a vontade do conhecimento possa transcendê-los. A certeza proporcionada pelo uso dos métodos científicos não é suficiente para garantir aquela Verdade com "V" maiúsculo; talvez assegure apenas uma verdade temporal-espacial relativa, válida sobretudo no campo das ciências humanas, o que "de modo algum significa uma diminuição de sua cientificidade. Significa, antes, a legitimação da

---

145 WARAT, Luís Alberto. *Op. Cit.,* p. 161.
146 Idem, p. 162.
147 Ibidem, p. 172.

pretensão de um significado humano especial, que elas reivindicam desde antigamente". Concomitante ao simples fato de "ser", próprio daquele que conhece, também entra em jogo o ato de pesquisar, que marca certamente o limite do "método", mas não o da ciência; aquilo que "o instrumental do 'método' não consegue alcançar, deve e pode realmente ser alcançado por uma disciplina do perguntar e do investigar que garanta a verdade"[148] — uma verdade entre os *conhecedores implicados*, trazendo o conhecimento para o nível de realidade de cada um. Com seu foco de interesse na restauração das conexões entre indivíduos, tais verdades encontram eco na Mediação de Conflitos, um método no qual o "terceiro incluído" na inter-relação conflituosa — o mediador de conflitos — irá, através de perguntas e provocando a autoinvestigação, dar a conhecer o que se passa na relação íntima entre os *a(u)tores*[149] desta vida.

Pois bem, adiante observaremos a ligação entre a Mediação de Conflitos e o devir transmoderno como um dos diversos caminhos a serem percorridos para se chegar às relações solidárias. Muitos outros existem, imagináveis e até o momento ainda inimagináveis, mas não serão tratados nesta obra.[150] No próximo capítulo investigaremos as possíveis reações às "verdades" transpessoais obtidas pela Mediação de Conflitos.

---

148 GADAMER, Hans-Georg. *Verdade e método I: traços fundamentais de uma hermenêutica filosófica.* Trad. de Flávio Paulo Meurer. 5. ed. Petrópolis: Vozes, 2003, p. 631.

149 Não "operadores", pois nem o universo nem a vida são máquinas a serem operadas, nem tampouco atores, pois a "interpretação de papéis" diversos, objetificados, também é desmascarada; mas, sim, indivíduos que buscam ser autores, criadores emancipados de suas próprias vidas em comunidade com o outro, com a civilização planetária.

150 Damos o exemplo, para não deixar um vácuo, da também waratiana Jurisdição Cidadã, que toma diversos preceitos emancipatórios para chegar a uma transmodernidade. Ver WARAT, Luís Alberto. *O ofício do mediador*, p. 217.

Capítulo 3
O DEVIR TRANSMODERNO E SEUS LAÇOS COM A MEDIAÇÃO DE CONFLITOS

No capítulo anterior estudamos a base epistêmica da Filosofia da Consciência — universalidade, subjetividade, simplicidade etc. — e de suas disciplinas autônomas, desenvolvidas na modernidade com grande ênfase e pretensão de cientificidade que, após o florescer da viragem linguística e Hermenêutica Filosófica aplicadas à atitude crítica do Direito, resultou desacreditada, assim como o conjunto de construções nela baseado. Mesmo nas *hard sciences* refuta-se hoje em dia o papel do observador purista, isento de valores, pela impossibilidade da não-interpretação. Já nas *soft sciences*, especificamente no Direito, com as reviravoltas citadas o tom metafísico é *des--velado*; se os dogmas jurídicos (mesmo legalistas) se apresentam como "credos" — valores aceitos por cada indivíduo —, a pretensão de universalidade se dá pela imposição e manutenção das ideologias e do poder, reverenciados pelos alienados operadores do senso comum teórico.

Sua desconstrução, através das atuais formas de compreensão, exige novos caminhos a serem trilhados, porque a sociedade contemporânea passa por grandes intempéries — como o da transmodernidade, que deixa de lado os ideais de a-ideologias, a-historicidade, a-pessoalidade, para buscar nas entrelinhas das disciplinas o entendimento de aspectos mascarados por teorias paliativas.

O pensamento transdisciplinar tem grande importância nesse rumo de mudanças, pois o conhecimento adquirido ajuda na compreensão do universo, não como um conjunto de fragmentos isolados, mas como um todo inter-relacionado; e o estudo do Direito não pode recusá-lo ou dele prescindir, já que seu sujeito é ao mesmo tempo psíquico, biológico, físico etc. Ignorar isso é tratar cada participante de um processo jurídico como se fosse uma marionete com direitos, procurando desculpas (sentenças) que reforcem a pretensão estatal de pacificar seus bonecos de carne e osso: adentra-se aí a falácia jurisdicional.

3.1 O conflito: apontamentos subjetivos

Antes de analisar a falácia da jurisdição na solução de conflitos e os laços da transmodernidade com sua mediação, faz-se necessário abordar algumas interpretações do fenômeno "conflito" propriamente dito.

3.1.1 Considerações acerca do conflito

O conflito pode ser considerado uma ruptura da harmonia nas inter-relações humanas, expressando (contratual, tácita ou explicitamente) a subversão dos papéis estabelecidos nos relacionamentos. Entende-se por harmonia precisamente o respeito dessas funções tratadas em conjunto (*con-tractus*), a possibilidade de convivência pacífica e prazerosa de duas ou mais pessoas que assumem sua existência e objetivo para a satisfação da necessidade humana de contínuo reconhecimento e conservação de uma identidade — o equilíbrio de um ser humano.[151] A complexidade psíquica envolvida na formação de um conflito se deve à comprovada desestabilização do "ser" e do "ter" de cada sujeito. James, citado por Vezzulla,[152] reconhece a dificuldade de se traçar uma separação entre o que o ser humano chama de "eu" e aquilo chamado simplesmente de "meu", pois cada indivíduo sente, age e trabalha movido por coisas pessoais, objetos que possui, de maneira bastante similar à que sente e age quando trata de si.

Nesse sentido, "eu" e "meu" acabam por se confundir, pois o "eu" do ser humano acaba por incluir o "grande total" de tudo o que ele reconhece como seu, não apenas "seu" corpo, "suas" faculdades psíquicas, mas também "suas" roupas, "sua" casa, "sua" esposa e "seus" filhos, "seus" ancestrais e amigos, "sua" reputação, "suas" obras e assim por diante. Na sua condição humana,[153] o indivíduo acaba por se sentir inteiro pela soma de suas partes, daquilo com que se identifica, seus conceitos sobre si, seus afetos e suas propriedades.[154] Conforme James e Vezzulla, é dessa soma que surge a identidade.

Pelo paradigma da complexidade se pode compreen-

---

151 VEZZULLA, Juan Carlos. *Mediação: guia para usuários e profissionais*, pp. 43-44.
152 VEZZULLA, Juan Carlos. *Curso de introdução à mediação e sua aplicação com adolescentes*. Balneário Camboriú: Imab, 2003, p. 9.
153 Morin apresenta o termo "condição humana" como uma visão diferenciada do ser humano, não mais unidimensional racional (*homo sapiens sapiens*), mas um complexo que traz em si, ao mesmo tempo, o *sapiens* e o *demens* (o sábio e o louco), *faber* e *ludens* (trabalhador e brincalhão), *empiricus* e *imaginarius* (empírico e imaginário), *economicus* e *consumans* (econômico e consumidor) e ainda *prosaicus* e *poeticus* (prosaico e poético), todos estes juntos e entrelaçados, com uma "(...) relação manifesta e subterrânea entre o psiquismo, a afetividade, a magia, o mito e a religião. Existe ao mesmo tempo unidade e dualidade no *Homo faber, Homo ludens, Homo sapiens* e *Homo demens*. No ser humano, o desenvolvimento do conhecimento racional-empírico-técnico jamais anulou o conhecimento simbólico, mítico, mágico ou poético" (MORIN, Edgar. *Os sete saberes necessários à educação do futuro*, pp. 58-59).
154 VEZZULLA, Juan Carlos. *Curso de introdução à mediação e sua aplicação com adolescentes*, p. 9.

der como o "ter" influencia diretamente o "ser": sua inter--relação não é passível de uma separação reducionista sem que se percam diversas características que lhe são implícitas. Para Vezzulla, um teórico de base psicanalítica, a identidade faz com que o ser humano conheça a si mesmo no relacionamento com o outro, por exemplo, como mulher ou marido de determinada pessoa, funcionário de uma empresa, um profissional reconhecido por essa ou aquela associação etc. Quando tais identidades são questionadas (pela separação do casal ou demissão de uma empresa), ocorre uma perda significativa da identidade do "ser", assim como perdas relacionadas a objetos materiais ou quantificáveis têm um efeito significativo sobre a identidade do "ter".[155]

A complexidade da mescla entre o "ser" e o "ter" é grande. Quando alguém, por exemplo, tem sua propriedade — ter — invadida e furtada, além de sofrer perdas materiais a vítima sente-se também violentada na sua dimensão do "ser"— por não ter sido respeitada em sua posição de proprietária. No descumprimento de contratos comerciais e dissoluções familiares um importante fator de desequilíbrio é a desconsideração da identidade: desrespeita-se o sujeito; não se considera na tomada de ações a existência da alteridade, e "por isso procura-se o advogado [principalmente no paradigma de dependência da modernidade], para se ter um aliado, esse profissional que sabe como posso fazer para que o outro me reconheça [ou para forçá-lo, violentá-lo] em meus direitos, em minha identidade.[156]

Como relata Vezzulla, a identidade precisa ser reconhecida intersubjetivamente: se alguém disputa ou rouba sua propriedade; não reconhece seus méritos ou reputação; se se

---

155 VEZZULLA, Juan Carlos. *Mediação: guia para usuários e profissionais*, p. 79.
156 VEZZULLA, Juan Carlos. *Mediação: guia para usuários e profissionais*, p. 45.

perde um ente querido ou se recebe um pedido de separação, o sentimento é de uma agressão pessoal [ao corpo físico ou psíquico], pois não é reconhecido o "ser" e "ter" do sujeito, desrespeita-se sua individualidade, suas relações de identidade. Tais sentimentos, caso não elaborados [compreendidos] pelo indivíduo, acarretam insatisfações internas e este transfere o seu desconforto para o mundo das demais inter-relações, causando divergências e mais problemas interpessoais.[157] Nas inter-relações humanas, as insatisfações nas identidades "ser" e "ter" se manifestam pela apresentação dos conflitos, expressando, claramente, o desejo de retorno ao equilíbrio da identidade como um complexo subjetivo-objetivo.[158] O ser humano "não é, não existe", na medida em que não é reconhecido no seu ambiente.[159]

O querer ou desejar, na linguagem cotidiana, representa os indivíduos. A identificação dos indivíduos com seus desejos leva-os ao ponto de se sentirem com eles uma coisa só: ser profissional, estar casado, ser pai ou filho de alguém passa rapidamente a constituir uma identidade que somente se mantém em equilíbrio se continua associada a esses desejos-objetos que a representam e, ao mesmo tempo, identificam. Os seres são sujeitos na base do próprio desejo; estando submetidos precisamente a este, o defendem e por ele lutam. "Por

---

157 VEZZULLA, Juan Carlos. *Curso de introdução à mediação e sua aplicação com adolescentes*, p. 9.
158 Os subjetivos seriam as raízes que engendram o conflito, o complexo de insatisfações que vêm criar a desarmonia nas inter-relações, enquanto os objetivos se enquadrariam no que vem a ser expresso pelo "eu", pela parcela consciente da psique (a "ponta do iceberg"), decorrente de todo um emaranhado inconsciente. Nesse aspecto entra a diferença entre os termos "litígio" e "conflito": o primeiro é aquele objeto pelo qual se duela, a expressão da insatisfação (por exemplo, um carro, uma quantia em dinheiro etc.), enquanto no segundo é o complexo de insatisfações, de não reconhecimentos da identidade de cada individualidade no âmago da psique, que fundamenta a desarmonia.
159 VEZZULLA, Juan Carlos. *Mediação: guia para usuários e profissionais*, p. 46.

isso, o conceito de conflito está associado em todos nós a coisas negativas, precisamente pela ameaça de fazer-nos perder o equilíbrio entre todas as nossas forças, que se encontram em um precário acordo que nos dá a ilusão de felicidade".[160] O sistema jurídico-ocidental, diz Vezzulla, faz com que muitas vezes (não seria na maioria?) os usuários do Poder Judiciário saiam *in-con-formados* com a sentença do juiz, pois esta não reinstala o relacionamento, nem a identidade, nem o respeito, nem mesmo a problemática do "ser", considerando somente a compensação econômica, a problemática do "ter".[161]

A identidade e satisfação humanas emergem quando contrapostas ou violadas: esta reação é o que conhecemos por "conflitos". Voltamos agora ao estudo dos resultados da instituição jurisdicional contemporânea forjada na modernidade.

3.2 A falácia da heterotutela jurisdicional moderna: paz social, (in)solução de conflitos e encobrimento do outro

A jurisdição estatal é o meio institucional mais utilizado na contemporaneidade para se buscar a resolução dos conflitos; desta forma, o Poder Judiciário tenta cumprir um dos pressupostos do Estado Moderno: a paz social.

É a doutrina reinante, como explicam Cintra, Grinover e Dinamarco: "o Estado moderno exerce o seu poder para a solução de conflitos interindividuais;" e ainda, "o *poder estatal*, hoje, abrange a capacidade de dirimir os conflitos que envolvem as pessoas (inclusive o próprio Estado), decidindo sobre as pretensões apresentadas e impondo as decisões". Para

160 VEZZULLA, Juan Carlos. *Teoria e prática da mediação*. 5. ed. Balneário Camboriú: IMAB, 2001, p. 27.
161 VEZZULLA, Juan Carlos. *Mediação: guia para usuários e profissionais*, p. 45.

os autores "esta é uma das expressões do poder estatal, caracterizando-se este como a *capacidade que o Estado tem de decidir imperativamente e impor decisões*"; o que distingue, então, "a jurisdição das demais funções do Estado (legislação, administração) é precisamente, em primeiro plano, a finalidade pacificadora com que o Estado a exerce". E concluem: "A pacificação é o escopo magno da jurisdição e, por consequência, de todo sistema processual (uma vez que todo ele pode ser definido como a disciplina jurídica da jurisdição e seu exercício). É um escopo social, uma vez que se relaciona com o resultado do exercício da jurisdição perante a sociedade, sobre a vida gregária dos seus membros e a felicidade pessoal de cada um".[162]

Mas, o que viria a ser essa pacificação? Tal questionamento se faz necessário em decorrência do modo paradoxal utilizado pela jurisdição para atingir a "paz", pois no sistema de jurisdição atual as partes devem se enfrentar, defendendo o objeto litigado até uma delas se *render ou sucumbir*, ou seja, reconhecer-se derrotada. Infelizmente, a derrota no processo judicial gera no *mundo real/ cotidiano* uma insatisfação psíquica (sem mencionar as consequências somáticas), pois os desejos de tal indivíduo, suplantados e não elaborados, e muitas vezes nem mesmo conhecidos, ficam reprimidos na mente.

Eis a falácia jurisdicional da "paz social", pois nos fazem acreditar, por uma cartilha processual, num sistema no qual pelo menos 50% dos interessados nas inter-relações conflituosas acabam saindo insatisfeitos.[163]

---

162 CINTRA, Antônio Carlos de Araújo; GRINOVER, Ada Pellegrini; DINAMARCO, Cândido Rangel. *Teoria geral do processo*. 16. ed. São Paulo: Malheiros, 2000, p. 24.
163 Os compêndios doutrinários badalados nas universidades são a dogmática estabelecida pelos "patriarcas do saber" (Warat). O rebelar-se, como fez o filósofo Lyra Filho, é imprescindível, pois como ele declarou: "aprender o que é Direito nas 'obras' da ideologia dominante só poderia, evidentemente, servir para um de dois fins: ou beijar o chicote com que apanhamos ou vibrá-lo no lombo dos mais pobres, como nos mande qualquer ditadura" (LYRA FILHO, Roberto. *Por que estudar direito, hoje?* Brasília: Nair, 1984, p. 14.).

Rosa e Vezzulla atestam que a modernidade, com seus discursos totalitários e de "extrema racionalidade", é responsável pela perda das referências sociais, pela ausência de sentido e certeza nas práticas judiciais, relegadas à forma (ir)racional de se buscar obsessivamente a imposição da paz social.[164] Na jurisdição institucionalizada, o juiz é um "terceiro" que dita a solução, através de imperativos concretos (normas jurídicas) dirigidos à conduta das partes processuais. Assim, a jurisdição não administra os conflitos apresentados, pois utiliza uma sutileza normativa que propõe o deslocamento da conflitividade (sentimento de insatisfação), *reinstitucionalizando o conflito através da jurisdicialização da insatisfação pessoal do sujeito em um fato litigioso quantificável ao imprimir--lhe a necessária decidibilidade*: esquece-se das insatisfações e do retorno à harmonia entre indivíduos para tratar de algarismos racionais, ou melhor, cifras. "Por consequência, o direito não decide o conflito; decide o que ele reinstitucionaliza como conflito, ou seja, o 'conflito jurídico'. Não julga o fato; julga o 'fato jurídico'",[165] o litígio.

Não somente a norma jurídica redefine o que é expresso no conflito — na insatisfação enquanto conteúdo e valoração social —, mas a própria instrução processual redefine o chamado "*fato sub judice*": remodela a demanda para uma base puramente fática através de "sintaxe" própria, manifesta sob o rótulo de "teoria da prova judicial" com os consequentes limites normativos. Impõe-se a produção de uma "verdade processual" reconstituindo o fato judicializado enquanto "realidade processual", ou seja, *reinstitucionalizando a própria base*

164 ROSA, Alexandre Morais da. VEZZULLA, Juan Carlos. "A situação dos adolescentes em conflito com a lei no Brasil e a mediação como medida sócio-educativa". In: *IV Congresso Internacional do Fórum Mundial de Mediação*, Buenos Aires. Apresentado em: maio de 2003, p. 2.
165 BISOL, Jairo. "Mediação e modernidade: sítios para uma reflexão hermenêutica". In: WARAT, Luis Alberto (Org). *Em nome do acordo: a mediação no direito*, p. 112.

fática do conflito. Nesse momento, o conflito expresso pelos envolvidos se torna jurídico, entra no mundo da Filosofia da Consciência e adquire decidibilidade, quando, originalmente, seria indecidível por um terceiro.[166]

No litígio, a jurisdição decide os procedimentos pelo enunciado das partes: atende as formas do pretendido e não as intenções dos enunciantes. Apresentar o conflito na forma de litígio implica não levar em conta a necessidade de trabalhá-lo em seu devir temporal. Assim, os magistrados operam sobre o conflito o interditando ou congelando no tempo, "eliminando a variável temporal para poder demarcar as controvérsias em um plano de abstração jurídica que permita controlar as variáveis com as quais organizam as decisões".[167] A Teoria do Conflito tradicional transforma o conflito em *artefato litigioso*, representa-o com uma visão negativa: "Os juristas pensam que o conflito é algo que tem de ser evitado. Eles o redefinem, pensando-o como litígio, como controvérsia. Uma controvérsia que, por outro lado, se reduz a questões de direito ou patrimônio".[168] Dessa forma, não pensam o conflito em termos de (in)satisfação entre seres humanos.

A jurisdição deixou-se assim esquecer daquilo que tentava solucionar: as insatisfações das pessoas. Na maioria das vezes, os próprios sujeitos não conseguem conhecer ou elaborar seus desejos insatisfeitos, pois todos os envolvidos no "processo" são transformados em partes, litigantes — por derradeiro, gladiadores, o que não é de se estranhar, visto ter o sistema ocidental aqui utilizado origem europeu-romana. Tal visão de gladiador pareceria romântica, se não fosse triste: nesse contexto que beira a insanidade, cada qual se alicerça com aliados — advogados, técnicos etc. — para "sua" causa, pelo "seu" objeto de lide. E nesse jogo, o humano está fadado à

---

166 Idem.
167 WARAT, Luís Alberto. *O ofício do mediador,* p. 81.
168 Idem, pp. 81-82.

morte: resta-lhe somente sua irracionalidade, um limite da estrutura jurídica ocidental, herdada e mantida incoerentemente pelos humanos de nosso tempo — um ponto cego daquilo chamado civilização.

O método de um terceiro ditando "soluções",[169] em favor de um dos sujeitos envolvidos e em desfavor de outro, não traz a pacificação social, mas sim uma maior insatisfação dos desejos das partes. Fique claro que numa visão ecológica o sujeito insatisfeito, com seu conflito não resolvido e encoberto por uma sentença, um papel e seus arautos, desencadeia mais inquietação na vida social, pois para além da papelada gerada nos autos do processo existe uma vida, inserida no seio da sociedade; e essa vida, sem a resolução (transformação) da expressão de suas insatisfações internas, gera mais insatisfação nos que convivem no mesmo ambiente: a sociedade como sistema termina abalada.

Na jurisdição do Paradigma da Modernidade, deseja-se obter a paz social através de duelos intermináveis, o que gera indivíduos cada vez mais insatisfeitos e alienados de si: quem hoje "ganha" num litígio, amanhã pode perder outro, uma lógica realmente *irracional,* algo tão simples de se verificar. Há tal incoerência e maldade no sistema jurídico que este parece ser, no mínimo, elaborado para não funcionar em prol da maioria. Nesse caso, sua "razão" serve somente para justificar a si e a seus favorecidos e defensores.

"No caráter duelístico do processo hegemônico da jurisdição", diz Bisol, "em nome de uma vitória processual estimulam-se as estratégias mais censuráveis do ponto de vista

169 Esta forma de repensar o paradigma da heterotutela traz um questionamento semelhante ao que se faz na matriz da arbitragem, método de resolução de litígios mais tradicional que a jurisdição, sendo sua grande diferença e vantagem o fato de ser privado, permitindo às partes envolvidas a escolha do sujeito que assumirá a responsabilidade de decidir por eles sobre determinada questão, além de poderem escolher as "regras do jogo", ou seja, se será utilizada legislação nacional ou internacional, usos e costumes etc.

ético". As partes se articulam através de dissimulados "imperativos hipotéticos", justificados intimamente por "imperativos categóricos" de conteúdos eminentemente passionais. "A falsificação de provas, ou das verdades devidamente descontextualizadas, são técnicas que, entre outras, se reproduzem aos borbotões nos processos judiciais, sempre com ares de absoluta normalidade".[170] Conclui-se, a partir disso, que é difícil argumentar de maneira efetiva e verificável: em jurisdição, a técnica de "solução de conflitos" mais se assemelha a um verdadeiro "acordo de paz" imposto por um terceiro, em evidente situação de supraordenação — tudo isso após violentos e extenuantes enfrentamentos pessoais. De posse da sentença judicial, por vezes essas mesmas partes aguardam um momento melhor, uma instância mais adequada para reiniciar suas batalhas.[171]

Esse é o sistema final, edificado sobre a epistemologia da modernidade e questionado pela tensão transmoderna, um sistema no qual as partes não passam de fantoches com direitos, duelando por desejos insatisfeitos — um simulacro dos divertidos e viciantes jogos de RPG,[172] onde impera um mundo de faz-de-conta e cada participante aceita as regras do jogo, impostas pelo mestre. Desconsiderados os sujeitos escondidos por trás do processo, aos quais não se dá voz, inexiste um respeito estatal por suas individualidades, usurpado pelo mero exercício do Poder-Violência Estatal,[173] "um poder que

170 BISOL, Jairo. *Op. Cit.*, p. 117.
171 Idem.
172 A sigla RPG significa *role playing game*, um jogo no qual os participantes interpretam personagens criados por eles mesmos, sendo o "mestre" aquele que conhece as regras do jogo e determina o desenrolar da história a ser vivida pelos jogadores dentro de um universo fictício: qualquer similaridade com a realidade jurídica é mera coincidência... ou não?
173 Na atual situação do Direito Penal nacional, as vítimas que foram violentadas em seu "ser" e "ter" acabam sendo relegadas ao ostracismo, já que o Poder Judiciário toma para si o poder de decisão do conflito e o Ministério Público, aquele que acusa, não se interessa

tal qual a guerra não encontra fundamento jurídico, mas meramente político."[174] É necessário, assim, repensar o procedimento jurídico, pois esse método de reinstitucionalização do conflito que o transforma em um desafio "objetivo" de natureza duelística, de modo a lhe imprimir decidibilidade, embora seja praticado há séculos não é a forma mais saudável nem ecológica de se administrar conflitividades. Sobre ele, como sabemos, foram erguidas e demolidas algumas civilizações.

Entretanto, a dogmática diz, o sistema atual de resolução de litígios, baseado em determinações heterônomas e hegemônicas — por um terceiro, com autoridade de impor e coagir, diga-se, violentar[175] as partes —, é o melhor para a situação presente do Estado, o auge "evolutivo", devido às condições em que a sociedade humana está inserida. "Será esse o máximo de 'civilidade' que nos cabe alcançar?"[176]

De acordo com o novo entendimento epistêmico e factual transmoderno, também esse dogma resulta de uma falácia ditada nos "monastérios dos sábios" — maneiras diversas de resolver os conflitos *encobertas* pelos mantenedores do poder. As reformas jurídicas ordinárias contemporâneas têm

---

na maior parte das vezes pelo vitimado. Na política criminal ou no paradigma penal a vítima aparece como escrava de um sistema de poder que a rebaixa, condena de antemão a esperar que a obesidade burocrática da mão do juiz penal satisfaça sua pretensão punitiva sem que ninguém questione como ela realmente gostaria de ser ressarcida ou como desejaria trabalhar o conflito. O Estado lhe nega essa possibilidade, deixando-lhe somente as marcas da violência na psique e a chance de compensar sua insatisfação através de alguma retribuição patrimonial (casos raros e não satisfatórios). Sobre o assunto, ver também: NEUMAN, Elías. *Mediación y conciliación penal.* Buenos Aires: Depalma, 1997.

174 ROSA, Alexandre Morais da. VEZZULLA, Juan Carlos. *Op. Cit.,* p. 2.

175 Lembre-se: "A violência intervém na sombra do poder, no vazio deixado por ele, quando a institucionalização política legítima vem a faltar; é um meio caprichoso, uma armadilha, com resultado imprevisível porque não serve bem ao fim que persegue" (ALBORNOZ, Suzana. *Violência ou não-violência: um estudo em torno de Ernst Bloch,* p. 19.).

176 BISOL, Jairo. *Op. Cit.,* p. 118.

mantido os paradigmas epistêmicos da modernidade, "preservando esse cadáver insepulto que é o de uma Justiça organicamente autoritária, guardando-o no armário. Há sinais iniludíveis de decomposição",[177] ressalta Cabeda.[178] Benjamin levantou a seguinte reflexão: a violência contra o outro participa na problemática do Direito enquanto *meio*, é "fundadora" e "conservadora" dos direitos; se não possuir pelo menos um desses atributos, o Direito perde sua legitimidade: "(...) da greve à guerra, é-se levado a pensar que os conflitos humanos poderiam ser resolvidos por outros meios". O que nos leva a pensar que a resolução dos conflitos deve ser buscada fora do domínio do Direito, já que este favorece o recurso à violência do Estado, obrigando-o a utilizá-la para a defesa de objetivos legais, para a conservação da ordem de direito. Para suprimi-la na solução de conflitos, o novo meio não pode ser um contrato de caráter jurídico, pois este, para sua efetivação, contém a ameaça, a possibilidade de violência (estatal).[179]

A Mediação de Conflitos é uma das alternativas pacíficas conjurada à matriz macrotransitória desejada.

---

177 CABEDA, Luiz Fernando. *A justiça agoniza: ensaio sobre a perda do vigor, da função e do sentido da justiça no poder judiciário*. São Paulo: Esfera, 1998, p. 37.
178 "A Justiça de fato agoniza, mas ela morreu a cada vez que desvirtuou o Direito, confundindo-o com a ordem legal imperativa. Na construção desta os juízes foram participes ativos e qualificados pelo ofício. A palavra final de sossego, pois, é a de que a morte não chega por nossas mãos, dos contemporâneos. Somente não conseguimos, e isso já é bastante doloroso, retirar o moribundo do seu leito pétreo" (CABEDA, Luiz Fernando. *OP. Cit*. São Paulo: Esfera, 1998, p. 117.).
179 BENJAMIN, Walter. "Pour une critique de la violence". In: *Mythe et violence*. Paris: Denoël, 1971, p. 123, *apud* ALBORNOZ, Suzana. *Op. Cit.*, pp. 21-22.

3.3 Mediação de conflitos: des-coberta e características

Adentramos aqui na temática da Mediação de Conflitos propriamente dita, que conta com rica bibliografia, principalmente no quesito de técnicas. Nesse estudo serão identificadas as inter-relações (laços) entre a estrutura da Mediação e os preceitos do devir transmoderno analisado até o momento, suas diversas dimensões e potencialidade de desenvolvimento para plasmar os desejos da macrotransição atual, através do tratamento diferenciado do conflito.

3.3.1 Encobrimento e descobrimento histórico-ocidental da filosofia da Mediação

Na presente obra não será abordado de maneira profunda o *corpus* da Filosofia da Libertação de Enrique Dussel; será, porém, tomada uma parcela crítica de seu discurso relacionado ao eurocentrismo para demonstrar em que larga dimensão a Mediação está estabelecida no contexto histórico.

A tese básica de Dussel apresenta um entendimento altamente crítico e inovador acerca do Paradigma da Modernidade: até o ano 1492 d.C. a Europa não existia senão à margem do mundo mulçumano e asiático. Cultural e cientificamente atrasada, seus povos considerados bárbaros guerreavam com frequência entre si. Quando os espanhóis chegaram às Índias Ocidentais (Ameríndia), e os portugueses à África e às Índias Orientais, a Europa reconhece pela primeira vez uma periferia: "A Europa agora é centro", toma consciência de si como centro do mundo, já que até aquele momento, massacrada pelos mulçumanos, copiava a filosofia egípcia/ semita e tecnologias orientais.

Infelizmente, porém, a consciência de si do europeu é

feita à custa do ocultamento, do *en-cobrimento* (o oposto de descobrimento) do outro, do índio, do oriental ou ocidental, obviamente pelo uso da violência e da objetificação do outro. Com as riquezas extraídas de suas Colônias de Exploração subjugava os povos colonizados: foram milhares de nativos mortos em toda extensão da Ameríndia, milhares escravizados na África; a cultura, o pensamento e a espiritualidade dos descobertos é ocultada em prol daquilo que os "colonizadores" reconheciam, e nisso se baseia, em pinceladas largas, a "falácia eurocentrista" proposta por Dussel.[180]

Enrique Dussel

Dessa tese ecoa uma pergunta, por conta das asserções acerca da filosofia de Mediação de Conflitos: sendo esta uma maneira de conhecer a conflitividade tão eficaz e antiga, por que teria perecido nos véus do tempo? Por que permaneceu por tão longo período sem ser utilizada? A resposta vem com Dussel: porque foi encoberta, objetificada e desconsiderada. A Europa, se autoafirmando como "centro do mundo" após a célebre data de 1492, iniciou uma eficaz (e violenta) imposição de seu *modus vivendi* no "Sistema Mundo".

---

180 DUSSEL, Enrique. *1492 - O encobrimento do outro:* a origem do mito da modernidade. Trad. de Jaime A. Clasen. Petrópolis: Vozes, 1993, p. 7.

Do *modus* imposto aos dominados e colonizados constava seu artifício de "resolução de conflitos", o sistema litigioso — adversarial, gladiatorial — romano, que já era, tenha-se em mente, formatado para a manutenção de tais terrores. Foi negada por longo tempo aos povos ocidentais a possibilidade de Mediação de Conflitos, pois sua matriz histórica remonta à Índia, China e África, onde foi enquadrada sob o manto de cobertura do ego europeu.

3.3.1.1 Matrizes históricas da Mediação de Conflitos

As matrizes conhecidas da mediação apontam para o oriente — note-se que "oriente" já aponta a Europa como centro do mundo. Para Folberg,[181] a mediação era o principal recurso utilizado na China antiga para resolução de desavenças, como ensinou Confúcio: a harmonia deveria ser construída pelos inter-relacionados. Atualmente, acrescenta Folberg, a mediação é exercida em grande escala na República Popular da China através da instituição dos Comitês Populares de Conciliação.[182] O sistema legal chinês dá grande importância

---

181 FOLBERG, Jay. *Mediación: resolución de conflictos sin litigio*. Trad. de Beatriz E. Blanca Mendoza. México: Limusa, 1992, p. 21.
182 É importante compreender o sistema teórico atual, onde existe distinção entre a "mediação de conflitos" e a "conciliação". Primeiro, salienta Vezzulla, é necessário distinguir a conciliação técnica não adversarial de resolução de disputas, da conciliação das audiências previstas no procedimento judicial e das conciliações usadas nos Juizados Especiais (pois os profissionais que a aplicam não têm, na maioria dos casos, formação em conciliação). Neste último caso, dos Juizados Especiais e das audiências conciliatórias preliminares nos litígios, os juízes e "conciliadores investidos" utilizam seu bom senso e critério para tentar aproximar as reclamações dos litigantes de um ponto de convergência de interesses. A conciliação como método exige um profissional que domine as técnicas, como investigação e escuta, e que busque não personalizar o conflito alheio para que, como diz Vezzulla, "sem forçar as vontades das partes, as convença das vantagens de alcançarem um acordo que, mesmo não sendo totalmente satisfatório, poupe-as de complicações futuras onde ambas perderão tempo e dinheiro". Vezzulla apresenta alguns aspectos que fazem diferir a mediação da conciliação: a escolha da conciliação se

à autodeterminação e à mediação na resolução de todo tipo de desentendimento.

A mediação tem também uma rica tradição histórica no Japão, cuja sociedade esperava dos líderes nas cidades que orientassem pessoas em situações de conflito. Da mesma forma, em diversas partes da África já se verificou a ocorrência de uma matriz de mediação nas comunidades, que organizavam assembleias para decidir conflitos entre seus indivíduos sem buscar um juiz ou árbitro: os envolvidos deveriam compreender entre eles, através de seu próprio esforço, o que estava se passando, e encontrar formas de resolver suas próprias disputas cristalizadas.[183]

3.3.1.2 Ressurgimento das práticas de mediação no contexto ocidental

A Mediação de Conflitos "reaparece" com força, principalmente na comunidade estadunidense,[184] no final da década de 1960, como uma forma alternativa para dar vazão à ineficiência do sistema judicial imperante.[185] Cumpre salientar que seu desenvolvimento no contexto norte-americano é também baseado no Paradigma da Modernidade; a mediação tem um papel instrumental, orienta Rosa, somente para dar

---

dá em casos em que as partes não têm desejo de continuar a inter--relação (como, por exemplo, numa batida de carro, compra e venda de objetos etc.). Outro grande diferencial é o tratamento superficial dado ao conflito na conciliação, frente ao aprofundamento dado na mediação; por fim, nos seus resultados, se pode dizer que as diferenças estão em um acordo parcialmente satisfatório na conciliação e totalmente satisfatório na mediação. (VEZZULLA, Juan Carlos. *Mediação: guia para usuários e profissionais*, pp. 16-17.)
183 FOLBERG, Jay. *Op. Cit.*, pp. 21-22.
184 O nacionalismo norte-americano encontra, em certos termos, uma saída para o eurocentrismo, não como medida emancipatória, como uma Ética de Libertação, mas como um pré-requisito hegemônico financeiro-cultural.
185 FOLBERG, Jay. *Op. Cit.*, p. 23.

escoamento à litigiosidade acumulada e reprimida.[186] A mediação começa a ser estudada e valorizada nas sociedades ocidentais através do anseio de encontrar a satisfação e compreensão dos demais aspectos da condição humana (Morin). Toma-se, através de sua filosofia e atitude, um papel de "caminho a ser seguido" para o desenvolvimento da transmodernidade (Warat), uma (trans)disciplina que agrega as análises das reviravoltas filosóficas atuais — hermenêutica (Gadamer, Streck), linguística e da Libertação (Dussel, Freire).

3.3.2 Características da Mediação

A filosofia resolução de conflitos na mediação é não--adversarial.[187] A Mediação de Conflitos é encarada como uma atitude geral diante da vida, uma visão de mundo, um paradigma ecológico e um critério epistêmico de sentido.[188]

---

186 ROSA, Alexandre Morais da. "Aspectos destacados do poder judiciário norte-americano". In: *Animus: revista da associação dos magistrados catarinenses.* Florianópolis, V. 1, 1999, p. 96.
187 Vale lembrar que nas formas adversariais de resolução de conflitos, os inter-relacionados buscam o enfrentamento até que haja a sucumbência do outro, enquanto nas não adversariais existe o desejo de cooperação; na primeira o procedimento é controlado e o conflito decidido por um terceiro, enquanto na segunda são as partes que controlam o processo e, desta forma, os envolvidos resolvem seus problemas. Um aspecto interessante é que nas adversariais o que se focaliza é o passado, enquanto as cooperativas buscam tratar do presente e do futuro, ou seja, manter ou reestruturar as inter-relações; na primeira se trabalha sobre uma realidade formal, enquanto a segunda busca a realidade vivida pelas pessoas, se preocupa com o que realmente está acontecendo e gera o conflito, com subjetividade. Partindo dessas premissas nas formas de dirimir os conflitos se verifica que o resultado das práticas adversariais não traz satisfação plena aos indivíduos, pois sempre alguém irá perder, em maior ou menor escala; além disso, o conflito nem mesmo é resolvido, só se resolvem os seus efeitos, enquanto nas práticas cooperativas o acordo realizado traz satisfação plena, pois resolve as insatisfações, exceto na conciliação (VEZZULLA, Juan Carlos. *Mediação: guia para usuários e profissionais*, pp. 13-14.).
188 WARAT, Luís Alberto. "Ecologia, psicanálise e mediação". Trad. de Julieta Rodrigues. In: WARAT, Luís Alberto (Org). *Em nome do acordo: a mediação no direito*, p. 5.

A base do sistema que utiliza garante um tratamento singular às pessoas, seres humanos únicos que devem esclarecer suas dificuldades em uma inter-relação — afetiva, profissional etc. — com o objetivo de aprimorá-la. Os participantes deixam de ser escravos de soluções impostas; têm controle sobre as etapas do processo de resolução, pois se busca um diálogo para compreender as razões que os levaram ao conflito, à eclosão de insatisfações, para criar responsavelmente as soluções com vistas a uma *con-vivência* satisfatória futura.[189]

Ora, os "vínculos nunca poderão ser satisfatórios sem processos de autocompreensão da dinâmica de suas relações"; a insatisfação, quando se torna um ponto cego, acaba por se tornar problemática para os indivíduos que mal conseguem entender a si próprios. "Portanto, para não repetir o campo cego em sucessivos vínculos, é preciso iluminá-lo e a nós, para não o repetirmos e para nos compreender na autoinsatisfação".[190]

O processo ocorre através de técnicas e diálogos, incutindo nos envolvidos a compreensão de que são as melhores pessoas para resolver seus conflitos,[191] embora ainda não tenham capacidade para isso. O mediador é um profissional desenvolvido em diversos campos do conhecimento humano, e seu papel é auxiliar os indivíduos a compreenderem a si e aos outros. Ressuscita-se, assim, a outridade, demonstrando ser ela um ente vivo e não apenas mais um "personagem no filme da vida", um ator, que, no fim dos "capítulos" da existência de cada um, obterá um *happy end* narcísico.[192]

São características da mediação: (i) a busca da auto(de)

---

189 VEZZULLA, Juan Carlos. *Mediação: guia para usuários e profissionais*, p. 23.
190 WARAT, Luís Alberto. *O ofício do mediador*, p. 116.
191 VEZZULLA, Juan Carlos. *Op. Cit.*, p. 23.
192 Imagem passada às massas pelos dramas televisivos, implícita e explicitamente: mais um resultado da falácia hedonista de um mundo pós-moderno.

composição dos conflitos, com os mediados dialogando sobre
seus problemas e descontentamentos (acerca da identidade do
"ser" e do "ter" de James, ou de suas necessidades, segundo
Maslow) e, com o auxílio do mediador, dedicam-se a compreender os motivos geradores de tal situação; e (ii) a busca da
sinceridade, a intenção de resolver o problema sob os parâmetros da confiança e da ética.

Tendo procurado a mediação por sua própria iniciativa, os mediados são orientados no sentido de se incutir entre eles: (i) a *cooperação*, o "trabalho conjunto, a preocupação
de alcançar soluções mutuamente satisfatórias", pois "não há
soluções duráveis se estas não atenderem a ambas as partes";
(ii) *o respeito*, pois tanto no tratamento entre eles quanto no
tratamento dos interesses envolvidos exige-se consideração e
cuidado recíprocos; e (iii) *a confiança*, não uma aceitação cega
do que é expresso, mas um posicionamento no qual as duas ou
mais pessoas envolvidas no conflito se permitem um compromisso de acreditar no outro, na possibilidade de transformar
sua inter-relação durante o processo de análise, na existência
de soluções, o que não significa necessariamente concordar
com o que o outro pensa ou deseja, mas tratar esse pensamento com respeito.[193]

Esses aspectos intersubjetivos — cooperação, respeito
e confiança — raramente são observados no início do trabalho de mediação, pois para a relação em conflito ter chegado
ao mediador, ou mesmo ao juiz, muitos desses valores terão
desaparecido das relações, caso contrário talvez os próprios
envolvidos pudessem encontrar as soluções. O papel do mediador é fundamental para os mediados; sua função é catali-
sadora e sua conduta cooperativa, respeitosa e cuidadosa, enquanto escuta os ditos e contraditos e os desejos de cada um.

---

193 VEZZULLA, Juan Carlos. *Mediação: guia para usuários e
profissionais*, pp. 26-27.

3.4 O mediador transmoderno e seu ofício

Em seu empenho de desenvolver uma nova realidade intersubjetiva, transmoderna,[194] o mediador exerce um papel complexo. Cada mediação é única, e sua catálise específica para as circunstâncias, pessoas e grupos envolvidos. Também único é o próprio mediador, cada um tendo personalidade e maneiras de agir diferentes, cabendo a ele, após sua formação primária, "inventar sua prática", em resumo, "inventar sua teoria" transdisciplinar.[195]

O ofício de mediador leva ao conhecimento dos inter-relacionados a chamada "ecologia da ação" proposta por Morin: mesmo quando, nos atos da vida de cada um, se pensa estar executando uma ação simplificada, uma simples escolha ou tomada de decisão, se faz uma aposta que implica um risco, uma incerteza do que poderá ocorrer depois — tão logo o indivíduo empreende a ação, esta começa a lhe escapar, se afastar de suas intenções iniciais.[196] "A ecologia da ação é, em suma, considerar a complexidade que ela supõe, ou seja,

---

194 É proposta a noção de Mediador Transmoderno para aquele que desenvolve no seu ofício as características da transmodernidade, incluindo as noções de Hermenêutica Filosófica, Filosofia da Linguagem, transdisciplinaridade etc., diferente do que se deixa envolver pelos simulacros e molduras disciplinares da modernidade.

195 SIX, Jean-François. *Dinámica de la mediación*. Trad. de Pepa Larraz Genovés. Barcelona: Paidós, 1997, p. 156. Além do que afirma Six, seu raciocínio se apresenta em um contexto que trata o ofício do mediador como sendo necessariamente desvinculado de qualquer órgão institucional, pois, para esse autor, associar o mediador a uma instituição seria impor-lhe um colar de escravo, matar sua criatividade, sua primeira, indispensável característica: falaria, constrangido, em nome de um poder, tendo a mediação um horizonte coberto, com travas, sem possibilidade de uma mediação cidadã. Vezzulla concorda com essa concepção: "Na mediação não podem existir imposições de nenhuma classe. (...) A mediação deve ser sempre um meio privado de resolução de conflitos, ficando absolutamente à vontade das partes escolhê-la ou não, nomeando o mediador que julgarem mais adequado." (VEZZULLA, Juan Carlos. *Mediação: guia para usuários e profissionais*, p. 62.)

196 MORIN, Edgar. *Os sete saberes necessários à educação do futuro*, p. 86.

o aleatório, acaso, iniciativa, decisão, inesperado, imprevisto, consciência de derivas e transformações."[197]

Não são poucas as vezes em que se observa um elevado grau de alienação e debilidade afetiva entre os sujeitos envolvidos em uma situação conflituosa: buscam fugir dos fatos ou jogar a responsabilidade nas mãos do Pai-Estado. É corriqueira a expressão: "Vá procurar seus direitos!" Uma ecologia da ação visa reinstalar a noção de responsabilidade entre os indivíduos. O mediador age de maneira a perturbar a intersubjetividade existente entre os mediados, conflituosa, "sem saída", entrincheirada, pois ele desperta no ser humano atual, com tendências a se refugiar na "ordem binária" — certo ou errado, uma simplificação que generaliza e objetifica —, demonstrando a complexidade que envolve cada ato perpetrado. Ao mediar, dizendo coisas como "'*Las cosas no son tan simples', 'es más complicado de lo que parece', frases que le complican la vida, el mediador muestra que no todo es igual y le deja a solas* [o mediado] *consigo mismo* [com suas dimensões psíquicas], *con sus recursos, para desatar ese nudo que ha contribuido, a primera vista, a fortalecer más, con sus cuestiones y sus complicaciones; introduce el desordem porque piensa que sólo del caos* [dos preconceitos, formados pelas insatisfações não transformadas] *puede nacer un cierto avance*".[198]

Assim o mediador incita a cidadania: guiando, inoportunamente, pois está metido na inter-relação e se nega, a todo custo, a "dar uma solução" ou "a" solução;[199] propõe aos

---

197 MORIN, Edgar. *Introduction à la pensée complexe: communication et complexité.* Paris: ESF, 1990, citado em: MORIN, Edgar. *Os sete saberes necessários à educação do futuro*, p. 86.

198 SIX, Jean-François. *Op. Cit.*, pp. 162-163. "'As coisas não são tão simples', 'é mais complicado do que parece', frases que complicam sua vida; o mediador mostra que nem tudo é igual e o deixa a sós consigo mesmo, com seus recursos, para desatar esse nó que contribuiu, à primeira vista, para fortalecê-lo mais; com suas questões e complicações introduz a desordem porque pensa que somente do caos pode nascer um certo avanço."

199 Aquela que resolveria os conflitos dos mediados, vinda do plano

mediados que deixem de ser repetitivos, recorrentes, que se aliem ao outro, que o *des-cubram* em suas vidas. As pessoas sobre as quais o mediador atua, no estágio atual, estão carentes de si; para ele, é importante propiciar, provocar uma mudança profunda, uma transformação interior, uma mudança nas inter-relações entre pessoas presas em uma oposição infecunda, ou entre grupos que se ignoram ou desejam impor-se uns aos outros.[200] O mediador tem uma "função" entre os mediados: levá-los a se conhecerem, a si e ao outro. É análogo a um terceiro incluído; está ali para refleti-los como são, a fim de que possam reconhecer que o conflito final é somente a ponta do "iceberg" e precisam ir mais fundo.

3.4.1 A "neutralidade/ imparcialidade" do mediador transmoderno

No conjunto de publicações acerca da Mediação de Conflitos, muitos autores apresentam a figura do mediador incluído na inter-relação em conflito, agindo de forma neutra e imparcial.

Conforme Vezzulla, sintetizando larga explicação, o mediador "é um terceiro neutral. Conduz, sem decidir". Ele é neutro em tudo que dele se espera, como, por exemplo, ao intervir na decisão: nesse caso, deve fazer as partes envolvidas participarem ativamente para encontrar as soluções que se ajustem a seus interesses, pois ninguém sabe melhor do que as próprias partes as razões do que devem decidir entre si.[201] No mesmo sentido, expõe Warat: "quando se fala da

---

ideal do mediador (de sua psique); se fosse ele, mediador, que tivesse o problema, aquela seria a solução ideal, ou seja, ele impõe aos mediados seu nível de realidade pessoal.

200 SIX, Jean-François. *Op. Cit.*, p. 163.
201 VEZZULLA, Juan Carlos. *Teoria e prática da mediação*, p. 48.

imparcialidade do mediador está se discutindo o exercício do poder da mediação. Também está se discutindo a natureza, objetivos e limites do poder do mediador em uma negociação mediada". O mediador "(...) ajuda as partes a decidirem sem impor seu critério, não tem poder legal para decidir, não emprega a palavra para persuadir, tenta ajudar a solucionar a controvérsia sem centrar tudo na adjudicação da justiça às partes, facilita o esclarecimento da posição e o grau de participação das partes no conflito. Tudo isso o torna, abstratamente, um intermediário imparcial, um condutor neutro".[202]

Cumpre então observar duas dimensões acerca desse ofício do mediador: a neutralidade/ imparcialidade e a não imposição final de uma decisão. Pelo exposto, o mediador, tomando a função de mediar as pessoas em conflito, exerceria uma posição em não assumiria qualquer intenção particular; em suas perguntas e paráfrases,[203] por decorrência, não estaria impondo um "discurso" aos mediados — eis a imparcialidade, a neutralidade do mediador.

Na mediação se vislumbra a necessidade de cuidar, pois anteriormente já se observou os aspectos da Filosofia da Linguagem e da Hermenêutica Filosófica. Não se admite mais a ideia de que o ser humano, ao assumir o papel[204] de media-

202 WARAT, Luis Alberto Warat. "Ecologia, psicanálise e mediação". In: WARAT, Luis Alberto (Org). *Em nome do acordo: a mediação no direito*, p. 49.
203 A paráfrase, como explica Huberman, é uma técnica utilizada na mediação onde, na medida em que cada mediado fornece sua versão do conflito, sua interpretação pessoal, o mediador realiza uma síntese do que foi exposto, tanto em relação ao fato que originou a reclamação quanto em relação à reclamação em si mesma. Diz Huberman que com a paráfrase "(...) o mediador comprova ter compreendido realmente a postura e a pretensão de cada uma das partes, e a técnica consiste em por na boca de cada uma delas o dito, sem incluir adjetivações nem valorações. Deve ser uma constatação objetiva dos fatos, sentimentos e reclamações. O mediador traduz o dito, fazendo uso de uma linguagem mais neutra e isenta de carga emotiva" (HUBERMAN, Karina. "O processo de mediação". Trad. de Ligia Dornelles. WARAT, Luis Alberto (Org). *Op. Cit.,* p. 104.).
204 Note-se que o termo "papel" já tem sua origem na dramatização, na

dor, "vista a roupa" da neutralidade, transformando-se em um ser que tome as informações expressas pelos mediados e, por suas técnicas, as repassasse de maneira neutra e/ ou didática.

Não, a parcialidade existe no mediador, pois quando ele se in--veste da função mediadora continua a ser um representante da espécie, com todas as consequências decorrentes dessa "condição humana" (Morin). Ao receber informações e formular uma pergunta, mesmo que no sentido vago (permitindo que o endereçado, ao responder, dê a ela o sentido de seu interêsse), o mediador coloca em ação seu aparato de preconceitos interpretativos (hermenêuticos) e levando-os em conta decide e direciona na sua psique o tipo de pergunta a fazer, o tipo de afirmação a empreender para avançar no rumo desejado. Mesmo se utilizando de um método estratégico, o homem carrega a sua humanidade, sua parcialidade, sua personalidade de mediador.[205] Obviamente, nem Vezzulla nem Warat se reportam ao mediador imparcial no sentido transcendente; aí resta o cuidado: reportam-se, sim, ao seu papel estrutural na relação existente, no "entre nós" da mediação. No final da relação ele não terá o poder de decidir, dizer o que é justo, colocar-se parcialmente a favor de um dos sujeitos como faria

incorporação de um personagem, um simulacro.
205 Uma técnica utilizada (não só) por mediadores é a análise da postura física dos mediados e deles próprios. O estar e se movimentar durante os diálogos expressa, como se por canais emissores (impositores) e receptadores (defensivos, passionais etc.), sentimentos e pensamentos, inconscientes ou conscientes, o que ocorre durante o tempo da mediação por influência do complexo psicossomático humano. Destarte, nesse interlúdio transdisciplinar se consideram os dizeres de Weil e Tompakow: "Não podemos reduzir gente viva a estruturas mortas sem perder algo de essencial, que é a própria vida!" Assim, não sendo o complexo psíquico e somático algo separado, há um número imenso de ações (programadas no sistema nervoso) que acabam tanto expressando o que se passa na dimensão psíquica quanto percebendo o que acontece no universo que permeia cada ser humano. Tal técnica de leitura é totalmente parcial; seria, entretanto, ineficiente? Num contexto de abertura e consideração dos sujeitos ela é muito interessante e útil. (WEIL, Pierre. TOMPAKOW, Roland. *O corpo fala: a linguagem silenciosa da comunicação não-verbal*. 56. ed. Petrópolis: Vozes, 2003, pp. 75-112.)

um juiz, cumprindo seu papel na estrutura judiciária.

Fica ressaltada a diferença, para não misturar o papel estrutural do sujeito mediador à condição de imparcial do sujeito da matriz moderna, do ser redimido pela "razão", pela hipocrisia racionalista de um "viés RPG" — pessoas que escolhem no plano idealizado por eles mesmos um personagem ao qual se incorporem, e acreditam nele: juízes, promotores, mediadores da atualidade. Na transmodernidade, a condição de parcialidade é reconhecida, não mais negada como parte da complexidade humana,[206] pois acreditar-se neutro é enganar-se: em cada indivíduo existe um universo complexo apenas parcialmente conhecido, e é importante compreender que a parte desconhecida influencia nos atos e pensamentos.

A matriz transmoderna, similar ao que hoje em dia se acredita com relação ao mediador de conflitos, observa que não existe nenhum entendimento seguramente, totalmente livre de preconceitos, embora o desejo de conhecimento busque escapar aos preconceitos.[207] O mediador, lembrando-se de sua condição ao invés de negá-la, utiliza-se das técnicas existentes para levar a cabo o pretendido pela mediação: (i) restauração das relações e (ii) harmonização das insatisfações, desequilíbrios e batalhas nas interconexões humanas.

Por fim, as afirmações dos doutrinadores mais destacados, Warat e Vezzulla, acerca da neutralidade e imparcialidade, remetem a uma decisão de não proferir sentenças próprias ao término da mediação, evitando com isso transformar a figura do mediador em mais um simulacro de neutralidade da Filosofia da Consciência.

---

206 Dogmas científicos de compreensão absoluta não são mais tão atraentes.
207 GADAMER, Hans-Georg. *Op. Cit.,* p. 631.

3.4.2 O conhecimento transdisciplinar do mediador

Cada diálogo entre os sujeitos, a maneira de mediar, torna-se um poema de amor nunca antes escrito, formado linguisticamente no momento único e com significado e referências únicas. Conforme escreveu Six:[208]

> *De la misma manera, hay que decir que cada mediación es única: según las personas, los grupos, las circunstancias, la catálisis será específica. Lo mismo ocurre por parte del mediador, que tiene su personalidad, su manera de hacer, y debe también "inventar su práctica, y, en resumen, su teoría". Se podría hablar de mediadores con palabras se Saint-John Perse, las del final de la* Anábasis: *"Todas clases de hombres en sus vías y formas.*[209]

Assim, desobjetificam-se o ser humano e suas bases de conhecimento. Cada indivíduo envolvido na mediação representa uma realidade na qual foi criado (formado, educado ou treinado) e, por conta disso, tem a capacidade de compreender determinadas linguagens. O mediador — ser-no-mundo — usa em sua prática uma linguagem compreendida pelo outro, que, dessa forma, tem instigado o seu desenvolvimento integral; busca falar ao seu ouvinte para com ele fazer uma jornada de autoconhecimento acerca do conflito em questão.

208 SIX, Jean-François. *Op. Cit.*, p. 156.
209 "Da mesma maneira, há que se dizer que cada mediação é única: segundo as pessoas, os grupos, as circunstâncias, a catálise será específica. O mesmo ocorre por parte do mediador, que tem sua personalidade, sua maneira de agir, e deve também 'inventar sua prática e, em resumo, sua teoria'. Se poderia falar de mediadores com as palavras de Saint-John Perse, as do final da *Anábasis*: 'Todas as classes de homens em seus jeitos e formas.'"

Ao abordar a singularidade da mediação e seus participantes, Six também ressalta esses aspectos, pois demonstra a necessidade de cada mediador desenvolver suas capacidades práticas e teóricas nas diversas dimensões de conhecimento para se relacionar com os mediados. Assim, o mediador filosófico trata dos indivíduos em sua complexidade, vislumbrando sua individualidade.

A Mediação de Conflitos visa a restauração, o entendimento ou possibilidade de convivência dos sujeitos com seus conflitos. Para isso, o mediador precisa contar com um conhecimento multidisciplinar: um hiperespecialista é inútil diante do complexo psicofísico dos indivíduos mediados; estaria muito limitado diante das necessidades destes, que não somente incluem aspectos tanto do Direito quanto da Medicina, da Psicanálise, mas são o pandemônio da condição humana. Frente a um mediador que agisse unidisciplinarmente, seria como se os mediados tentassem lhe dizer algo através de mímica — "Nos ajude nisso! Aqui, veja!" —, sem que ele conseguisse compreender, pois só "entenderia" um tipo de linguagem.

Portanto, faz-se necessário um mediador transmoderno para desempenhar uma mediação eficaz, pois em sua ampla visão ecológica, através de seu caráter psicopedagógico emancipador, os mediados se conhecem, ao outro e a cada um, e aprendem a lidar com suas vidas de maneira diferenciada, autônoma, cidadã, como um complexo integral.

3.4.3 A função eco-psicopedagógica da Mediação de Conflitos

Nesse caminho de administração do conflito, a mediação apresenta um escopo psicopedagógico ou educacional: leva o ser humano a aprender-se como parte da humanidade,

ou seja, a lidar direta-
mente consigo e com o
outro. A complexidade
humana não poderia
ser compreendida dis-
sociada dos elemen-
tos que a constituem:
"todo desenvolvimen-
to verdadeiramente
humano significa o
desenvolvimento do
conjunto das autono-
mias individuais, das
participações comuni-
tárias e do sentimento
de pertencer à espécie
humana".[210] Daí ser
a mediação, em cer-
to sentido, o próprio
trabalho de aprendi-
zagem da administração dos conflitos e desejos. "O trabalho
simbólico sobre a administração (reconstrutiva) de nossos
conflitos é, em si mesmo, transformador".[211]

Paulo Freire

O processo da mediação pode vir a desenvolver nos
mediados um valor psicopedagógico[212] que, diferente da pedagogia tradicional, passa a ser considerado sob um viés crítico, transformador, revolucionário, já que esta última tende a
construir modelos fechados, repetidores de um saber "acaba-

210 MORIN, Edgar. *Os sete saberes necessários à educação do futuro*, p. 55.
211 WARAT, Luis Alberto. "Ecologia, psicanálise e mediação". In: WARAT, Luis Alberto (Org). *Em nome do acordo: a mediação no direito*, p. 36.
212 WARAT, Valéria Solange. "Mediação e psicopedagogia: um caminho por construir". In: WARAT, Luis Alberto (Org). *Op. Cit.*, p. 119.

do". A psicopedagogia aponta para a autonomia, enquanto a pedagogia tradicional — da modernidade — para a alienação do sujeito. Freire[213] demonstra o seu caráter alienante: os conteúdos são desconectados do que ocorre no mundo da vida, ou seja, falta-lhes significado, são palavras ocas, verbosidade alienada e alienante.[214] A ideia da psicopedagogia — no caso chamada de Pedagogia da Autonomia, ou da Libertação — se assemelha ao trabalho de "saber" de Freire: "Só existe saber da invenção na reinvenção, na busca inquieta, impaciente, permanente, que os homens fazem no mundo, com o mundo e com os outros. Busca esperançosa, também."[215]

A aproximação entre mediação e psicopedagogia implica uma ampla gama de conflitos que, sendo abordados por meios não adversariais, podem alcançar modos de resolução mais satisfatórios para as partes em questão. Nesse viés, a mediação apresenta um alto valor educacional, incitando, através da conduta do mediador, a busca por novos caminhos de desenvolvimento da autonomia dos mediados, pois quando se adquire consciência da importância de tornar-se protagonista das transformações dos próprios conflitos, se está aprendendo a independência.[216]

Levando os sujeitos ao diálogo, à análise de suas dificuldades de inter-relacionamento e ao aprofundamento nas raízes de suas insatisfações e conflitos, a mediação os capacita a dar conta de sua própria vida, "resolvendo entre eles seus próprios problemas sem precisar de ninguém que lhes diga o que devem fazer". O processo instaura um lugar onde "o respeito é tal que os participantes são livres para decidir se dese-

---

213 FREIRE, Paulo. *Pedagogia do oprimido*. 36. ed. Rio de Janeiro: Paz e Terra, 1983, p. 57.
214 Complementa ainda o autor: "Eis aí a concepção bancária da educação, em que a única margem de ação que se oferece aos educandos é a de receberem os depósitos, guardá-los e arquivá-los." (FREIRE, Paulo. *Op. Cit.*, p. 58)
215 FREIRE, Paulo. *Op. Cit.*, p. 58.
216 WARAT, Valéria Solange. *Op. Cit.*, pp. 120-121.

jam ou não resolver seus problemas",[217] o que transcende qualquer paradigma moderno-ocidental de resolução de conflitos — os mediados são postos num palco de teatro, no qual o mediador, ao invés de incitar a representação de seus desgastados papéis (autor, réu, vítima etc.), esforça-se para demonstrar a não necessidade de representar papéis (insatisfeitos, coitados, injuriados etc.).

Soma-se a essa noção de psicopedagogia a esfera ecológica, formando-se aí uma eco-psicopedagogia: a função ecológica cumprida pelo mediador não é apenas informativa ou transmissora de erudição, mas pretende educar para a vida, algo que acaba esquecido pela pedagogia tradicional. "Por isso a mediação como metodologia do eco-ensino [transdisciplinar] adquire importância: são estratégias para ensinar as melhores formas de enfrentar os conflitos do dia-a-dia".[218] Segundo essa concepção, alerta Warat, a eco-psicopedagogia não é uma didática do abstrato, do erudito ou do metafísico; auxilia a ler a própria vida, conhecendo e transformando os conflitos.

Assim, a eco-psicopedagogia ao mesmo tempo lê e ensina o ser humano, para ajudá-lo a compreender, aceitar e se transformar através de sua *diferença do outro*, do mundo ao seu redor (ecologia da ação), encontrando constantemente, nesse devir de metamorfose, a melhoria da qualidade de vida — bem diferente do que ocorre nos litígios jurisdicionais, onde as decisões resultam em melhora quase nula para os envolvidos, na medida em que apenas se impõe a vontade de uma parte, a do juiz, um estrangeiro na inter-relação[219] "Num

---

217 VEZZULLA, Juan Carlos. *Mediação: guia para usuários e profissionais*, pp. 73-74.
218 WARAT, Luis Alberto. "Ecologia, psicanálise e mediação", *op. cit.*, p. 39.
219 Explica Warat que a pedagogia tradicional tentou ensinar a discutir como uma forma de solucionar controvérsias. "Assim se inventou na cultura a ideologia, que nos ensinou a persuadir, aprendemos retórica (...). Tentaram nos ensinar a ganhar e a perder, a vencer com argumentos, a argumentar, não para mostrar nossos desejos, mas

litígio nem o que vence melhora em termos de qualidade de vida."[220]

Sabe-se que a Mediação de Conflitos apresenta um valor democrático intrínseco. Ora, o que seria mais democrático do que a possibilidade de decidir por si e por meio da reflexão com o outro o caminho a seguir?[221] Trata-se de uma emancipação, que guarda fortes relações com as dimensões de cidadania proposta pela transmodernidade. Dessa forma, a concepção transformadora do conflito potencializa o crescimento dos seres humanos através da aquisição de poder e reconhecimento: um poder que diz respeito ao fortalecimento da capacidade individual de enfrentar circunstâncias adversas no mundo da vida; e o reconhecimento da própria capacidade de experimentar e manifestar consideração pela outridade.

O crescimento conjunto dessas duas qualidades indica o amadurecimento de cada um; é também uma forma de realização da democracia, da cidadania e dos Direitos Humanos e uma filosofia poderosa de educação, uma vez que, quando as pessoas aprendem a decidir por si as alternativas para a transformação de seus conflitos, a sociedade cresce civicamente:[222] É um reaprender a se resolver com o outro e consigo.[223]

---

para derrotar, destruir e aniquilar o outro" (WARAT, Luis Alberto. "Ecologia, psicanálise e mediação". *Op. Cit.*, p. 40.).
220 Idem, p. 39.
221 Para Warat, não há nada mais democrático do que decidir por si e com o outro. WARAT, Valéria Solange. *Op. Cit.*, pp. 120-121
222 Idem, p. 121.
223 Vezzulla demonstra de maneira panorâmica que "(...) o mediador deve ter bem claro que a mulher ou o homem que o consulta está envolvido numa série de compromissos consigo mesmo e com o seu ideal, pelos quais o conflito que o traz à Mediação tem para ele um significado muito mais amplo. Significa sua autoestima, o carinho e o respeito de sua família (...) e o reconhecimento de que está agindo à altura das circunstâncias. Tudo isto deixa-o confuso e incapacitado para compreender o que realmente deseja e que resultado será melhor. Todas as dificuldades para decidir contribuíram para que a sociedade, durante tanto tempo, precisasse depositar num terceiro a responsabilidade de decidir sobre seus próprios problemas, pois deixar que um terceiro decida por nós nos libera da responsabilidade e da angústia da decisão" (VEZZULLA, Juan Carlos. *Teoria e prática*

Destarte, a Mediação de Conflitos ultrapassa a dimensão de resolução de conflitos não adversariais nas disputas jurídicas, pois apresenta incidências ecologicamente exitosas, estratégias educativas e realizações políticas, da cidadania, dos Direitos Humanos e da democracia, produzindo um devir subjetivo que indica a possibilidade de *fuga da alienação* (sim, foi-se, pois, aprisionado nela), de emancipação transpessoal.[224]

3.5 Laços entre a Mediação de Conflitos e o Devir Transmoderno

Para que a mediação funcione, é necessária uma nova compreensão do humano — uma visão estrutural e comunitária, em contraposição a uma parcialidade redutora e egoísta —, uma abordagem diferenciada do conflito e das pessoas nele envolvidas, atendendo aos que têm problemas e não aos problemas "por si".[225] Esse conceito de humanidade demonstra similaridades com os aspectos que emergem da presente macrotransição, como apontado, por exemplo, por Capra, Laszlo, Morin, Arnaud e Warat.

A matriz transmoderna, alicerçada por Warat, orienta igualmente a reforma dos conceitos modernos atribuídos ao conflito e utilizados atualmente no Direito:[226] volta-se para

---

da mediação, p. 59.).
224 WARAT, Luís Alberto. *O ofício do mediador*, pp. 88-89.
225 VEZZULLA, Juan Carlos. *Mediação: guia para usuários e profissionais*, p. 71.
226 Algo negativo, pois o conflito é visto na Modernidade como um problema que se instala durante as inter-relações das pessoas, algo que deve ser extirpado das relações de toda maneira para que assim se gere a "bem dita" paz social, que no mundo ideal seria, como se verifica, o Paraíso na Terra, todos como cordeiros mansos, compartilhando de inter-relações estáveis e imutáveis algo negativo — sonhos ideais, que simplesmente demonstram um desejo de extirpar aquilo que não se consegue entender ou resolver. Coloca-se, assim, em toda a trajetória jurídica ocidental a máscara de negatividade na compre-

uma dinâmica na qual o conflito é compreendido como um demarcador da diferença com o outro ao inscrever a diferença no tempo, produzindo algo novo, "o conflito como uma forma de inclusão do outro na produção do novo, o conflito como outridade que permita administrar, com o outro, o diferente, para produzir a diferença".[227] Nela, o conflito se apresenta em determinados momentos como o primeiro estágio de tentativa de harmonização com o "outro", que teve uma experiência diferente de vida.

Nesse devir, é proposta a construção de uma Teoria do Conflito que parte da distinção entre o diferente e a diferença — o primeiro sendo "a natural e, em última instância, impenetrável presença do outro como diferente". Assim, duas pessoas diferentes podem produzir, juntas, a diferença, o novo, no tempo e no conflito, tudo mediante um trabalho em relação às coisas diversas que todos portam em suas vidas. "A autoecocomposição assistida transforma o conflito na medida em que se abre a um processo vivido como enigma. Agindo sobre o enigma, as partes podem transferir ou transformar sua realidade, isto é, produzir com o outro a diferença."[228] Como expressão da individualidade psicológica, o conflito é um enigma que impulsiona.

O que se encontra na Mediação de Conflitos, análoga à transmodernidade, é a microjustiça do cotidiano, o "dizer-se comprometido com as possibilidades reais e cotidianas de uma vida digna". Dessa "dignidade" está excluída uma parte alarmante da população mundial. "A justiça distributiva tem hoje um novo sentido acoplado: é preciso redistribuir a dignidade,"[229] uma dignidade que se inicia pela afirmação da outridade e seu reconhecimento, não pela busca de sua ani-

ensão de conflito.
227 WARAT, Luís Alberto. *Op. Cit.*, p. 82.
228 WARAT, Luís Alberto. *O ofício do mediador*, p. 82.
229 Idem, p. 210.

quilação. A mediação se fundamenta, portanto, numa teoria do conflito que não enxerga o outro ou o conflito em si como algo ruim, mas sim como uma confrontação construtiva, revitalizadora, onde o conflito traz uma diferença energética, um potencial construtivo. A vida é um devir conflituoso a ser vitalmente gerenciado, deixando para trás a clausura e obscuridade mortuária medievais na busca de um *carpe diem* constante.

Tal teoria situa a mediação na *semiótica da outridade*, visando, metaforicamente, interpretar a base da montanha (psi) que tem no seu cume o conflito — o pináculo das insatisfações e desejos intersubjetivos não realizados, não transformados —, buscando um sentido a partir do lugar do outro, "chegar ao segredo do outro para descobrir os efeitos internos do que o afeta", uma forma alter-n-ativa (com o outro) de intervenção nos conflitos. "Falar de alteridade é dizer muito mais coisas do que fazer referência a um procedimento cooperativo, solidário, de mútua autocomposição."[230]

Enlaçada à transmodernidade, a mediação dá um salto qualitativo para superar a condição jurídica imposta pela modernidade — baseada no litígio, baluarte do conflito, e apoiada em um objetivo idealizado e fictício: o descobrir de uma verdade, "uma verdade que deve ser descoberta por um juiz, que pode chegar a pensar-se com poder de um semideus na descoberta de uma verdade que, no entanto, é imaginária."[231]

É fundamental trabalhar os sentidos ocultos, aqueles que expressam o conflito com um grau maior de riqueza, pois os detalhes se revelam muito mais pelo não-dito do que pelo expresso:

Não podemos esquecer que a mediação realiza, sempre,

---

230 Ibidem, pp. 82-83.
231 Ibidem, p. 89.

pela percepção e pelo trabalho que se pode realizar em relação a infinitos detalhes. Toda mediação, copiando Clarice
Lispector, é feita de infinitos detalhes com que se tem de ter
cuidados.[232]

A mediação proporciona ao ser humano um duplo
olhar ao outro, um olhar duplamente direcionado à outridade, permitindo chegar às suas reservas selvagens — todos os
componentes amorosos ou afetivos ignorados pelos indivíduos — e às reservas selvagens do outro — o que o outro emo-
cionalmente ignora de si. "Enfim, é a alteridade, a outridade
como possibilidade de transformação do conflito, produzindo, no mesmo, a diferença com o outro."[233] É uma "análise da
coexistência", das características presentes nas inter-relações,
com atenção dedicada aos pontos subentendidos, muitas vezes deixados nas "entrelinhas" dos discursos formadores das
inter-relações humanas.

Surge o termo "jurisconstrução", na medida em que
essa nomenclatura permite supor uma distinção fundamental
entre os dois métodos de trabalhar os conflitos: "de um lado,
o dizer do Direito próprio do Estado, que caracteriza a jurisdição como poder/ função estatal e, de outro, o elaborar/ con-
certar/ pactar/ construir a resposta para o conflito que reúne
as partes".[234]

Enfim, dessa Mediação de Conflitos que aqui propomos desaparece a busca desenfreada pelo *mito do acordo* —
o desejo de se pôr um ponto final no problema, algo formal.
Conforme Betina Warat: "nela, o êxito ocorre quando se logra,
de alguma maneira, aos mediados envolvidos, compreender

---

232 Idem.
233 WARAT, Luís Alberto. *O ofício do mediador,* p. 83.
234 MORAIS, José Bolzan de. SILVEIRA, Anarita Araújo da. "Outras
    formas de dizer o direito". In: WARAT, Luis Alberto (Org). *Em nome
    do acordo: a mediação no direito,* p. 88.

mais claramente o importante em seus relacionamentos, os porquês divergentes, as alternativas, e descobrem o poder de decisão de suas vidas, em suas mãos, bocas e olhares",[235] aprendem a expor melhor seus próprios interesses, desejos e necessidades, avaliam as fraquezas de seus próprios argumentos e, ainda, se conscientizam de que seus atos se refletem no âmago, especificamente, no outro, mas, ecologicamente, na sociedade.

Mesmo que o conflito não seja resolvido no que inicialmente se apresentava, desenvolve-se nos mediados a compreensão das diferenças existentes na outridade para, assim, adquirirem a capacidade de trabalhar o conflito no transcorrer da vida. Pode não ocorrer a solução de um conflito específico, mas dissipa-se a incompreensão das diferenças. O conflito se mostra não mais como um aspecto negativo no outro, mas como uma diferença de verdades que resulta na confrontação das experiências, construções mentais de cada um em decorrência das vivências com o outro. Aí se encontram laços com a análise de Gadamer na Hermenêutica Filosófica, onde o autor afirma que, ao se levar os indivíduos a uma conversação, já se inicia, em certo sentido, um processo de acordo, porque toda "verdadeira conversação implica nossa reação frente ao outro, implica deixar realmente espaço para seus pontos de vista e colocar-se no seu lugar, não no sentido de querer compreendê-lo com essa individualidade, mas compreender aquilo que ele diz". O mediador, com seus conhecimentos e técnicas, tem essa função de auxiliar os que buscam o retorno à con-versa, restabelecendo o respeito no entre-nós que está em conflito, outro requisito levantado por Gadamer: "Importa respeitar o direito objetivo de sua opinião, a fim de podermos chegar a um acordo em relação ao assunto em questão. Não relacionamos sua opinião com sua própria individualidade, mas com

---

235 WARAT, Gisela Betina. "Mediação: uma possibilidade de transformação das relações e das pessoas". Trad. de Julieta Rodrigues. In: WARAT, Luis Alberto (Org). *Op. Cit.*, pp. 100-101.

nossa própria opinião e suposição".[236] A Mediação de Conflitos restabelece os parâmetros de conversação entre os indivíduos; permite-lhes que seja novamente possível a vida na inter-relação, restabelecendo o fluxo hermenêutico (interpretativo) com o outro. O conflito expresso, definido na filosofia da Mediação como perda da capacidade de interpretar, de sentir o outro, sinaliza o ponto de autodesenvolvimento/ aprendizado entre os indivíduos. A outridade passa a ser amada e compreendida,[237] o que monta e desmonta as "verdades" criadas por cada um.

Hans-Georg Gadamer

3.6 A Mediação de Conflitos como mediadora do devir transmoderno

As teorias surgem no horizonte, indicando caminhos mais coerentes a serem trilhados, escolhas que levam a um fu-

---

236 GADAMER, Hans-Georg. *Op. Cit.*, p. 499.
237 Explica Morin: "Compreender inclui, necessariamente, um processo de empatia, de identificação e de projeção. Sempre intersubjetiva, a compreensão pede abertura, simpatia e generosidade" (MORIN, Edgar. *Os sete saberes necessários à educação do futuro*, p. 95.).

turo incerto, falam de um futuro, um lugar ainda não existente, mas desejado — conforme se pôde verificar, no transcorrer dessas linhas, muitos caminhos seguidos pelas comunidades humanas levam a destinos não imaginados, gerando em diversos aspectos dificuldades de sobrevivência e convivência. O juízo de valor, obviamente, depende do interpretante (Gadamer, Streck), mas é interessante ressaltar a presença constante da utopia, da busca de um ideal, uma esperança de vida melhor — típica da condição humana (Morin), do constante caminhar.

Horgan demonstrou que aquilo que no passado era impossível e impensável, hoje é realidade. No mesmo sentido, Hinkelammert,[238] na sua *Crítica da Razão Utópica*, defende que quem proclama o "fim das utopias" chegou a uma situação de cegueira, indo contra a busca da melhoria das satisfações pessoais, de um futuro idealizado. Segundo ele, não se pretende a abolição das utopias, do desejo de um futuro melhor, mas compreender sua importância e a de suas características. As utopias são construções imaginárias relacionadas a um "futuro" que fortalece atos presentes, sem as quais dele nada se pode saber. Conforme muito bem lembrado por Hinkelammert:

> *Todavía vale el graffiti de 1968 en un muro de la universidad de Paris, aunque un poco cambiado: "Seamos realistas, pensemos los imposibles!" Porque no pensar lo imposible es imposible, y sin pensar lo imposible jamás podemos circunscribir el marco de lo posible.*[239]

---

238 HINKELAMMERT, Franz Josef. *Crítica de la razón utópica*. Bilbao: Descleé de Brouwe, 2002, p. 388.

239 "Contudo vale o grafite de 1968, num muro da Universidade de Paris, mesmo que um pouco modificado: 'Sejamos realistas, pensemos os impossíveis!' Pois não pensar o impossível é impossível; e sem pensar o impossível jamais poderemos circunscrever o marco do possível."

A utopia é aqui um devir, uma inspiração, um "rumo a tomar", uma forma de conhecer as possibilidades. O devir transmoderno traz o desejo dos pensadores críticos contemporâneos, a busca por uma vida diferente e melhor, um ideal a ser seguido — sim, há que se admitir a existência das crenças — para atingir um lugar, uma dimensão, como define o termo utopia: "um lugar que (ainda) não existe". Ora, quando algum dia tal meta for alcançada, se a condição humana a puder des-empenhar, transpassando a macrotransição, novas a se seguir aparecerão.[240] Cabe recordar a metáfora de Bloch no *Princípio da Esperança*: na busca utópica de um "reino da liberdade", o lugar de libertação das amarras do momento em que vive, o ser humano se "exila" da vida.[241]

No rumo do desenvolvimento transmoderno, precisa-se de *amor*, *sinceridade*, *respeito* e a *humildade* de saber que muito não se sabe, o que diverge dos parâmetros do Paradigma da Modernidade, segundo o qual, para alcançar a utopia, se deveria "batalhar até o fim, custando o que custasse" — aí está, hoje, o que custou. "O futuro", diz Warat, "tem costados assustadores"; mas se lembra ao mesmo tempo que "o passado não foi de rosas". A dignidade deve ser encontrada de um modo inédito, criativo.

Inserida na contemporaneidade e em processo de desenvolvimento, a Mediação de Conflitos já apresenta diversas características que a transmodernidade deseja e idealiza, como

---

240 Vislumbra-se o que escreveu Galeano: "Ella está siempre en el horizonte./Me acerco dos pasos, ella se aleja dos pasos./ Camino diez pasos y el horizonte se corre diez pasos más allá./ Por mucho que yo camine, nunca alcanzaré./ Para qué sirve la utopía?/ Para eso sirve: para caminar." (GALEANO, Eduardo. *Las palabras andantes*. México: Siglo Veintiuno, 1993.) [Ela está sempre no horizonte./ Aproximo-me dois passos, ela se afasta dois passos./ Caminho dez passos e o horizonte se distancia dez passos mais ao longe./ Por mais que caminhe, nunca a alcançarei./ Para que serve a utopia?/ Para isso ela serve: para caminhar.]
241 SERRA, Francisco. *História, política y derecho en Ernest Bloch*. Madrid: Trotta, 1998, p. 95.

a complexidade, o reconhecimento da alteridade, a transdisciplinaridade etc. Tende ao crescimento e à abertura, pois seus resultados são fortemente eficientes na resolução de disputas, no melhoramento da qualidade de vida e no aprofundamento de uma consciência eco-psicopedagógica nos seres humanos.

Enfim, fortes laços se mantém entre a Mediação de Conflitos e a matriz utópica assinalada, possibilitando à mediação ser uma ponte para o devir transmoderno, uma das trilhas "mediadoras" entre a sociedade contemporânea e seu futuro idealizado, uma possibilidade de libertação para os sujeitos da sociedade atual, sem a imposição de seus princípios (cooperação, respeito e responsabilidade) — como a praticada violentamente na modernidade —, mas oferecendo, através do diálogo, um entendimento hermenêutico, uma nova forma de viver — não num plano ideal nem num daqueles céus dos prometidos, mas aqui e agora, no mundo da vida — que quando aplicada já representa em si uma transmodernidade.

Considerações finais

Após esta breve jornada investigativa, aterrissamos-se aqui para tecer algumas últimas palavras. Abreviamos de maneira crítica o conteúdo analisado e inserimos mais algumas ponderações pessoais.

Pois bem, explanados os *insights* teóricos (Bohm) e paradigmas (Kuhn), além das noções defendidas por Capra e Laszlo acerca da macrotransição e dos pontos de mutação dos complexos sociais humanos na história, observamos as "eras", também apontadas por Laszlo, sendo a modernidade a que tem maior influência sobre os preceitos contemporâneos.

No Paradigma da Modernidade, o desenvolvimento metodológico ocidental seguiu o caminho do "racionalismo"; as descobertas científicas, na física, principalmente, ajudaram a desmistificar os preceitos da era anterior — *Theos* —, levando as pesquisas na direção oposta e excluindo das análises os valores e crenças pessoais dos cientistas — isso, com vistas à elaboração de uma "ciência pura", com dados exatos, não "corruptíveis" pelo caráter individual humano.

As consequências foram desastrosas em diversos aspectos, tendo o exagero daqueles preceitos afetado diretamente o presente. A pretensão de uma pureza metodológica levou a um extremismo quantificável, ao reducionismo e ao mecanicismo — sendo os "objetos de estudo" tratados como coisas a serem esquadrinhadas, separadas, simplificadas; por fim, dominadas pela razão. Nesse momento de obsessão, muitas vezes foi deixado de lado o complexo de capacidades humanas em prol de algo chamado "racionalidade".

Com o desenrolar de diversas calamidades, novos paradigmas se desenvolveram; novas ideias — antes impensáveis e, portanto, "impossíveis", problemas "insolucionáveis" pelos métodos modernos — derrubavam os antigos métodos, provando que o reducionismo e o mecanicismo eram teorias, no mínimo, incompletas, pois se mostravam ineficientes nos novos campos de conhecimento (teoria quântica, da relatividade etc.). Estendia-se o caos (Filosofia da Linguagem) também às ciências conhecidas como "brandas": a simplificação e a generalização não mais serviam ao desenvolvimento social.

Estes são os aspectos mais marcantes da macrotransição, novas teorias permitindo ao ser humano contemporâneo interagir melhor com seu meio, entre elas: o paradigma da complexidade, que demonstra a existência de múltiplas dimensões que se *inter-in-fluenciam* de maneira não passível de redução, sob pena de descaracterização das inter-relações; e os paradigmas da inter, pluri e transdisciplinaridade, sendo que a última demonstra a maior eficiência quando re-une (no pensamento humano) as disciplinas e também o conhecimento pluridisciplinar que transita por todas elas, colaborando na busca de uma sustentabilidade cooperativa que se opõe à batalha desenfreada pela sobrevivência desencadeada pela competição e consumismo.

Em seguida aos delineamentos gerais, focamos as transições no Direito e na Filosofia. Analisamos os princípios regentes do Direito na modernidade, baseados numa Filosofia da Consciência — universalismo, unidade da razão do Estado, subjetivismo, abstração, axiomatização e simplicidade. A

Teoria Crítica do Direito e a Nova Crítica do Direito restaram teoricamente refutadas por ter sido rompida — com a Filosofia da Linguagem Ordinária, a Hermenêutica Filosófica e as demais teorias emergentes — a dualidade sujeito-sujeito, compreendendo-se que a linguagem é a condição do ser-no--mundo, ou seja, a linguagem é o paradigma, o conhecimento, por já ser precedida por um entendimento que nasce da autoexplicitação do *modus operandi* de cada indivíduo.

Invalida-se, assim, a busca de um significado intrínseco nos objetos — de qualquer tipo, sem excluir as normas do Direito —, pois o simples ato de observar já implica uma interpretação que, por si, é um ato pessoal impositivo: para conhecer o objeto, o observador parte de um conhecimento pré-existente, traçando *(dis)similaridades* com a coisa observada. Seu sonho de busca no plano ideal platônico, muito reconfortante, já não lhe serve mais.

Assim, estando destituídas de valor muitas das teorias da modernidade, desabam igualmente as construções teóricas; resta a Máquina Autônoma do Direito sem um combustível que a alimente. O paradigma da neutralidade do juiz é descaracterizado, por força mesmo dos conhecimentos transdisciplinares; a *mens legis* e demais axiomas da Filosofia da Consciência não encontram guarida. A personalidade existencial do interpretante, como consequência de sua experiência pessoal e dos conhecimentos que adquiriu, têm agora uma parcela nesse "espírito" das palavras; outra parcela é atribuída ao Senso Comum Teórico e à manipulação das "verdades" ditadas nos "monastérios do saber" por seus "patriarcas", que determinam os rumos do conhecimento dito "científico". São rumos que beneficiam poucos.

Foram apresentadas algumas transições no pensamento do Direito contemporâneo, com o objetivo pragmático de aceitar a complexidade e o relativismo das ações, com vistas ao entendimento de um pensamento plural e a uma recuperação da crença na capacidade da sociedade civil. Tudo isso permitiu uma abertura para a transmodernidade, idealizando o fortalecimento das inter-relações humanas e a emancipação dos indivíduos em relação aos meios de controle da paradigmática moderna, levando a igual fortalecimento da cidadania participativa e à preocupação com os Direitos Humanos, no sentido de permitir a cada indivíduo manejar seus próprios valores e entendimentos.

Lembramos nosso projeto inicial de apresentar o devir transmoderno e vislumbrá-lo em suas interconexões paradigmáticas com a Mediação de Conflitos, permitindo a análise da interação entre os dois. Esta proposta resulta satisfeita, sem, obviamente, exaurir quaisquer dos assuntos tratados; esmiuçadas as origens dos conflitos, a relação destes com a perda ou instabilidade das identidades "ser" e "ter" e as consequentes insatisfações psíquicas não elaboradas, verificou-se que a jurisdição estatal falha em seu papel de resolver tais *des--entendimentos.*

O método adversarial encaminha a sociedade à desagregação, distanciando-a da almejada pacificação (convivência harmoniosa, evitando dizer "sem conflitos"), pois incute nos mediados o desejo de aniquilação da "parte" oposta, de vitória sobre o "outro" não compreendido. Nesse ensejo, a mediação se apresenta como uma alternativa diferenciada perante o conflito: realiza uma reaproximação dos indivíduos *dis-sociados,* resultando na recuperação da capacidade destes para administrar suas dificuldades.

O mediador, cumprindo uma função eco-psicopedagógica e emancipadora, de acordo com os preceitos de cooperação, respeito e confiança elencados por Vezzulla, propicia aos mediados a postura filosófica de ecologia da ação, permitindo uma *tomada de consciência* das responsabilidades de seus atos perante o seu ambiente, não impondo —guardadas as limitações acerca da (a)neutralidade e (im)parcialidade — nenhuma solução ao problema, nenhum entendimento acabado.

Da função mediadora emerge um mediador treinado numa matriz multidisciplinar, não só preparado para aplicar técnicas, mas para transformar-se a si mesmo com os mediados; desta forma, cada participante *des-cobre* suas máscaras e pré-conceitos, daí os laços entre o paradigma emergente da transmodernidade e a filosofia da Mediação de Conflitos. Entendemos, sobretudo, que tais ligações ensejam novos rumos para a sociedade contemporânea, que caminha no sentido apontado pela presente utopia.

Finalizando, foram estudados diversos *insights* teóricos, filosofias e utopias. Embora tudo isso possa trazer um alento, uma melhoria ao mundo da vida, resta óbvio que a práxis exige "um pouco de trabalho" para sua concretização. Ora, movimentar as massas,[242] desmascarar os "patriarcas do saber" e seus "monastérios" e, ainda, autolibertar-se dos preconceitos, repensando conceitos e aceitando os novos paradigmas, é um grande desafio para cada um que deseje acompanhar a macrotransição, liberar-se da normalidade escravizante — desafio este que já passou pelas mãos de muitos, que com ele nada ou quase nada fizeram em prol da sociedade. Destes, muitos foram encobertos pela poeira do tempo

---

242 Baudrillard já disse que "todo o confuso amontoado do social se move em torno desse referente esponjoso, dessa realidade ao mesmo tempo opaca e translúcida, desse nada: as massas. (...) Elas podem ser 'magnetizadas', o social as rodeia como eletricidade estática, mas a maior parte do tempo se comportam precisamente como 'massa', o que quer dizer que absorvem toda a eletricidade do social e do político e a neutralizam, sem retorno (...) fenômeno altamente implosivo, irredutível a qualquer prática e teoria tradicionais, talvez mesmo irredutível a qualquer prática e a qualquer teoria, simplesmente" (BAUDRILLARD, Jean. *À sombra das maiorias silenciosas: o fim do social e o surgimento das massas*. Trad. de Suely Bastos. 4. ed. São Paulo: Brasiliense, 1994, pp. 9-10.).

por não apresentar resultados, não expressar suficientemente as fantásticas capacidades humanas.

De cada desafiante dos paradigmas, considerados restritos ou obsoletos, se exige um trabalho *levado a sério*, como diria Roberto Gomes em sua *Crítica da Razão Tupiniquim*. O estudo da Filosofia do Direito ensina que "(...) quando abrimos bem os olhos para o passado e para o presente (...) não somos nada ou quase nada, (...) nossas obras são irrisórias ou quase isso, (...) a não ser que apareça um *lunático curioso* por nossas misérias, a poeira [do tempo] enterrará bem depressa nossos escritos cuidadosamente arrumados nas estantes das bibliotecas".[243]

A cada sujeito cabe realizar algo pelo mundo ao seu redor, por aqueles presos na Filosofia da Consciência, no senso comum teórico ou nas mãos de Patriarcas do Saber, servindo de alimento para a subsistência destes, de seu poder. Lembremo-nos de "Matrix",[244] onde os seres humanos vivem em um mundo virtual, escravos das "máquinas" criadas por eles mesmos, vivendo a ilusão de um mundo existente somente em suas subjetividades — uma obra que serve de espelho à fragilidade mental e aos preceitos escravizadores da mente.

Ouvir, meditar e *con-versar*: eis a função do mediador para permitir aos sujeitos mediados a sua libertação, sua *re--união*. Com a humildade aprendida, uma humildade científica (através da Filosofia da Linguagem e Hermenêutica Filosófica), cabe aplicar essa tríade no mundo da vida. A "verdade" está num constante acordar, acordar com o outro, *acordar-se*.

O presente e o futuro se abrem, cabendo a cada um plasmar neste instante as utopias de um "mundo diferente". Melhor? Veremos! Transmoderno, com certeza! Caminhos

243 ARNAUD, André-Jean. *O direito traído pela filosofia*, p. 252.
244 "Matrix". Produção de Bruce Berman; roteiro e direção de Larry Wachowski e Andy Wachowski. Hollywood: Warner Home Video, 1999. 136 min. DVD, som, color.

existem, e muitos, o que foi comprovado neste brevíssimo estudo. No entanto, a chama corajosa do empenho e da criatividade para trilhá-los, esta, aparentemente, resta apenas em alguns poucos...

Para alguns "malucos", *lunáticos curiosos*, a jornada já começou. Bem-vindos, e boa viagem!

REFERÊNCIAS BIBLIOGRÁFICAS

ALBORNOZ, Suzana. *Violência ou não-violência: um estudo em torno de Ernst Bloch*. Santa Cruz do Sul: EDUNISC, 2000.

ARNAUD, André-Jean. *O direito entre modernidade e globalização: lições de filosofia do direito e do estado*. Trad. de Patrice Charles Wuillaume. Rio de Janeiro: Renovar, 1999.
_____. *O direito traído pela filosofia*. Trad. de Wanda de Lemos Capeller e Luciano Oliveira. Porto Alegre: Sérgio Antônio Fabris, 1991.

BARATTA, Alessandro. *Criminologia crítica e crítica do direito penal: introdução à sociedade do direito penal*. Trad. de Juarez Cirino dos Santos. 2. ed. Rio de Janeiro: Freitas Bastos, 1999.

BAUDRILLARD, Jean. *À sombra das maiorias silenciosas: o fim do social e o surgimento das massas*. Trad. de Suely Bastos. 4. ed. São Paulo: Brasiliense, 1994.

BENJAMIN, Walter. "Pour une critique de la violence". In: *Mythe et violence*. Paris: Denoël, 1971.

| 149 |

BISOL, Jairo. "Mediação e modernidade: sítios para uma reflexão hermenêutica". In: WARAT, Luis Alberto (Org). *Em nome do acordo: a mediação no direito.* 2. ed. Argentina: ALMED. 1998.

BLANCO, Carlos Nieto. *La consciencia linguística de la filosofia.* Madrid: Trotta, 1997.

BOHM, David. *A totalidade e a ordem implicada.* Trad. de Mauro de Campos Silva. 3. ed. São Paulo: Cultrix, 2001.

CABEDA, Luiz Fernando. *A justiça agoniza: ensaio sobre a perda do vigor, da função e do sentido da justiça no poder judiciário.* São Paulo: Esfera, 1999.

CAPRA, Fritjof. *O ponto de mutação.* Trad. de Álvaro Cabral. 23. ed. São Paulo: Cultrix, 2002.

CÁRCOVA, Carlos Mariá. *La opacidad del derecho.* Madrid: Trotta, 1998.
_____. *Teorias jurídicas alternativas: escritos sobre derecho y política.* Buenos Aires: América Latina, 1993.

CINTRA, Antônio Carlos de Araújo; GRINOVER, Ada Pellegrini; DINAMARCO, Cândido Rangel. *Teoria geral do processo.* 16. ed. São Paulo: Malheiros, 2000.

COLZANI, Valdir Francisco. *Guia para redação do trabalho científico.* 2. ed. Curitiba: Juruá, 2002.

DUSSEL, Enrique. *1492 - O encobrimento do outro: a origem do mito da modernidade.* Trad. de Jaime A. Clasen. Petrópolis: Vozes, 1993.

_____. *Ética da libertação: na idade da globalização e da exclusão*. Trad. de Ephraim Ferreira Alves, Jaime A. Clasen e Lúcia M. E. Orth. 2. ed. Petrópolis: Vozes, 2002.

ECO, Umberto. *A obra aberta: forma e indeterminação nas poéticas contemporâneas*. Trad. de Giovanni Cutolo. São Paulo: Perspectiva, 1981.

_____. *Como se faz uma tese*. Trad. de Gilson Cesar Cardoso de Souza. 18. ed. São Paulo: Perspectiva, 2002.

EISLER, Riane. "A parceria e a nova consciência". In: LASZLO, Ervin. *Macrotransição: o desafio para o terceiro milênio*. Trad. de Merle Scoss. São Paulo: Axis Mundi, 2001.

FERNÁNDEZ-GALIANO. Antonio; CID, Benito de Castro. *Lecciones de teoria del derecho y derecho natural*. 3.ed. Madrid: Editorial Universitas, 2001.

FERRAJOLI, Luigi. *A soberania no mundo moderno*. Trad. de Carlo Coccioli e Márcio Lauria Filho. São Paulo: Martins Fontes, 2002.

_____. *Direito e razão: teoria do garantismo penal*. Trad. de Ana Paula Zomer, Fauzi Hassan Choukr, Juarez Tavares e Luiz Flávio Gomes. São Paulo: Revista dos Tribunais, 2002.

FOLBERG, Jay. *Mediación: resolución de conflictos sin litigio*. Trad. de Beatriz E. Blanca Mendoza. Mexico: Limusa, 1992.

FOUCAULT, Michel. *Vigiar e punir: nascimento da prisão*. Trad. de Raquel Ramalhete. 25. ed. Petrópolis: Vozes,

2002.

FREIRE, Paulo. *Pedagogia do oprimido*. 36. ed. Rio de Janeiro: Paz e Terra, 2003.

GADAMER, Hans-Georg. *Verdade e método I: traços fundamentais de uma hermenêutica filosófica*. Trad. de Flávio Paulo Meurer. 5. ed. Petrópolis: Vozes, 2003.

GALEANO, Eduardo. *Las palabras andantes*. México: Siglo Veintiuno, 1993.

HABERMAS, Jürgen. *Pensamento pós-metafísico: estudos filosóficos*. Trad. de Flávio Beno Siebeneichler. Rio de Janeiro: Tempo Brasileiro, 1990.

HINKELAMMERT, Franz Joseph. *Crítica de la razón utópica*. Bilbao: Descleé de Brouwe, 2002.

HORGAN, John. *O fim da ciência: uma discussão sobre os limites do conhecimento científico*. Trad. de Rosaura Eichemberg. São Paulo: Companhia das Letras, 1998.

HUBERMAN, Karina. "O processo de mediação". Trad. de Ligia Dornelles. In: WARAT, Luis Alberto (Org). *Em nome do acordo: a mediação no direito*. 2. ed. Argentina: Almed. 1998.

JAPIASSU, Hilton. *O mito da neutralidade científica*. Rio de Janeiro: Imago, 1981.

KELSEN, Hans. *O problema da justiça*. Trad. de João Baptista Machado. 3. ed. São Paulo: Martins Fontes, 1998.

KUHN, Thomas Samuel. *A estrutura das revoluções científicas*. Trad. de Beatriz Vianna Boeira e Nelson Boeira. 6. ed. São Paulo: Perspectiva, 2001.

LACAN, Jacques. *O seminário: o eu na teoria de Freud e na técnica da psicanálise*. Livro 2. Rio de Janeiro: Jorge Zahar, 1995.

LAING, Ronald David. *A voz da experiência: experiência, ciência e psiquiatria*. Trad. de Waldemar Boff. Petrópolis: Vozes, 1988.

_____. *Laços*. Trad. de Mário Pontes. 6. ed. Petrópolis: Vozes, 1991.

LASZLO, Ervin. *Macrotransição: o desafio para o terceiro milênio*. Trad. de Merle Scoss. São Paulo: Axis Mundi, 2001.

LEGENDRE, Pierre. *O amor do censor: ensaio sobre a ordem dogmática*. Trad. de Aluísio Pereira de Menezes e Potiguara Mendes da Silveira Jr. Rio de Janeiro: Forense Universitária, 1983.

LYRA FILHO, Roberto. *Por que estudar direito, hoje?* Brasília: Nair, 1984.

MARQUES NETO, Agostinho Ramalho. "Subsídios para pensar a possibilidade de articular direito e psicanálise". In: _____. et al. *Direito e neoliberalismo: elementos para uma leitura interdisciplinar*. Curitiba: Edibej, 1996.

MORAIS, José Bolzan de; SILVEIRA, Anarita Araújo

da. "Outras formas de dizer o direito". In: Warat, Luis Alberto (Org). *Em nome do acordo: a mediação no direito.* 2. ed. Argentina: ALMED. 1998.

MORIN, Edgar. *A cabeça bem-feita: repensar a reforma, reformar o pensamento.* Trad. de Eloá Jacobina. 7. ed. Rio de Janeiro: Bertrand Brasil, 2002.

_____. *Introduction à la pensée complexe: communication et complexité.* Paris: ESF, 1990.

_____. *Meus demônios.* Trad. de Leneide Duarte e Clarisse Meireles. 2. ed. Rio de Janeiro: Bertrand Brasil, 2000.

_____. *Os sete saberes necessários à educação do futuro.* Trad. de Catarina Eleonora F. da Silva e Jeanne Sawaya. 6. ed. São Paulo: Cortez, 2002.

NEUMAN, Elías. *Mediación y conciliación penal.* Buenos Aires: Depalma, 1997.

NICOLESCU, Basarab. *O manifesto da transdisciplinaridade.* Trad. de Lucia Pereira de Souza. 2. ed. São Paulo: Triom, 2001.

_____. *Sciences et tradition.* Paris: Troisième Millénaire. n. 23, 1992.

OLIVEIRA, Manfredo Araújo de. *Reviravolta linguístico-pragmática na filosofia contemporânea.* São Paulo: Loyola, 1996.

PIAGET, Jean. *Colloque sur l'interdisciplinarité.* Nice: OCDE, 1970.

PORTANOVA, Rui. *Motivações ideológicas da sentença.* 3. ed. Porto Alegre: Livraria do Advogado, 1997.

ROCHA, Leonel Severo. *Epistemologia jurídica e democracia*. 2. ed. São Leopoldo: Unisinos, 2003.

ROSA, Alexandre Morais da. "Aspectos destacados do poder judiciário norte-americano". In: *Animus: revista da associação dos magistrados catarinenses*. Florianópolis: V. 1, out. 1999.
_____. *Garantismo jurídico e controle de constitucionalidade material*. Florianópolis: Habitus, 2002.
_____. Prefacio para WARAT, Luís Alberto. *O ofício do mediador*. Florianópolis: Habitus, 2001. V.1.

ROSA, Alexandre Morais da; VEZZULLA, Juan Carlos. "A situação dos adolescentes em conflito com a lei no Brasil e a mediação como medida sócio-educativa". In: *IV Congresso internacional do fórum mundial de mediação*, Buenos Aires. Apresentado em maio de 2003.

SERRA, Francisco. *História, política y derecho en Ernest Bloch*. Madrid: Trotta, 1998.

SIX, Jean-François. *Dinámica de la mediación*. Trad. de Pepa Larraz Genovés. Barcelona: Paidós, 1997.

SOROKIN, Pitirim A. *Social and cultural mobility*. New York: The Free Press, 1959.
_____. *Sociedade, cultura e personalidade: sua estrutura e dinâmica*. Trad. de João Baptista Coelho Aguiar. 2 vols. Porto Alegre: Globo, 1968.

STEIN, Ernildo. *Aproximações sobre hermenêutica*. Porto Alegre: Edipucrs, 1996.

_____. *Racionalidade e existência*. Porto Alegre: L&PM Editores, 1988.

STRECK, Lenio Luiz. *Hermenêutica jurídica e(m) crise: uma exploração hermenêutica da construção do direito*. 4. ed. Porto Alegre: Livraria do Advogado, 2003.

_____. *Jurisdição constitucional e hermenêutica: uma nova crítica do direito*. Porto Alegre: Livraria do Advogado, 2002.

VEZZULLA, Juan Carlos. *Curso de introdução à mediação e sua aplicação com adolescentes*. Balneário Camboriú: Imab, 2003.

_____. *Mediação: guia para usuários e profissionais*. Balneário Camboriú: Imab, 2001.

_____. *Teoria e prática da mediação*. 5. ed. Balneário Camboriú: IMAB, 2001.

WARAT, Gisela Betina. "Mediação: uma possibilidade de transformação das relações e das pessoas". Trad. de Julieta Rodrigues. In: WARAT, Luis Alberto (Org). *Em nome do acordo: a mediação no direito*. 2. ed. Argentina: Almed. 1998.

WARAT, Luís Alberto. "Ecologia, psicanálise e mediação". Trad. de Julieta Rodrigues. In: WARAT, Luis Alberto (Org). *Em nome do acordo: a mediação no direito*. 2. ed. Argentina: Almed. 1998.

_____. *Introdução geral ao direito II: a epistemologia jurídica da modernidade*. Trad. de José Luis Bolzan. Porto Alegre: Sérgio Fabris, 1995.

_____. *O direito e sua linguagem*. Porto Alegre: Sérgio Fabris, 2002.

_____. *O ofício do mediador*. Florianópolis: Habitus,

2001. V.1.

_____. "Pálpitos epistemológicos para el siglo XXI (segunda vuelta)". In: *Revista momento certo kairós*. Tubarão, V. 0, 2001.

_____. *Por quem cantam as sereias*. Porto Alegre: Síntese, 2000.

WARAT, Luís Alberto; PÊPE, Albano Marcos Bastos. *Filosofia do direito: uma introdução crítica*. São Paulo: Moderna, 1996. 95 p.

WARAT, Valéria Solange. "Mediação e psicopedagogia: um caminho por construir". In: WARAT, Luis Alberto (Org). *Em nome do acordo: a mediação no direito*. 2. ed. Argentina: ALMED. 1998.

WEBER, Max. *Economia e sociedade: fundamentos da sociologia compreensiva*. Trad. de Regis Barbosa e Karen Elsabe Barbosa. Brasília: UNB. 1999. V. 2.

WEIL, Pierre; TOMPAKOW, Roland. *O corpo fala: a linguagem silenciosa da comunicação não-verbal*. 56. ed. Petrópolis: Vozes, 2003.

_____; D'AMBROSIO, Ubiratan; CREMA, Roberto. *Rumo à nova transdisciplinaridade: sistemas abertos de conhecimento*. 3. ed. São Paulo: Summus, 1993.

WOLKMER, Antônio Carlos. *Pluralismo jurídico: fundamentos de uma nova cultura no direito*. 2. ed. São Paulo: Alfa-Omega, 1997.

Webgrafia

BALLONE, Geraldo José. "Teorias da personalidade — Carl G. Jung". In: *PsiqWeb — psiquiatria geral.* Disponível em: http://www.psiqweb.med.br/site/?area=NO/LerNoticia&idNoticia=192. Acesso em: 24 ago. 2003.

COUTINHO, Jacinto Nelson de Miranda; CARVALHO, Edward Rocha de. "Teoria da janela quebrada: e se a pedra vem de dentro?". In: *Revista de Estudos Criminais.* Ano 3, nº 3, 2011, p. 23. Disponível em: http://www.itecrs.org/revista/11.pdf >. Acesso em: 02 de ago. 2003.

ROSA. Alexandre Morais da. "O complexo de Nicolas Marshall". In: *Paraná on-line.* Acesso em: 25 jun. 2003.

Esta obra foi composta em Minion 11/14.
Impressa com miolo em offset 90g e capa em cartão 250g,
por Createspace/ Amazon.

www.ingramcontent.com/pod-product-compliance
Lightning Source LLC
Chambersburg PA
CBHW060032210326
41520CB00009B/1101